実録ブラック仕事体験記

ブラック企業と言えば、過酷な労働や違法労働、パワハラ、離職率の高さなどが有名である。皆さんもあまり良いイメージは抱いてないだろうが、本当のところは実際に働いてみないとわからない。

本書は、いわゆるブラック企業の就職体験ルポを主に集めたものである。某ファストファッション店長から、大手飲食チェーン「餃子の『O』」、ラーメン「K」のFCオーナーまで。当事者が仕事の中身を詳細にリポートする。

また本書では、冷凍倉庫の作業員、バキューム清掃員、犬の殺処分担当者といったあまり人に知られていない現場や、「おっさんレンタル」「並ばせ屋」などの珍しい職業も紹介。日本の下流社会の象徴がそこにある!

※本書は、月刊『裏モノJAPAN』2009年12月号〜2018年7月号にかけて掲載されたルポをまとめたものです。
※各ルポの情報は初出当時のものです。

第一章 ブラック仕事体験記

第二章 知られざる現場

第三章　珍しい職業

第二章 ブラック仕事体験記

某ファストファッション店長、黒い3年間を振り返る

ある日、出勤途中に足が動かなくなった

写真と本文は直接関係ありません

リポート
熊田貴久（仮名）
20代後半、無職、関東某所在住

『裏モノJAPAN』2013年6月号掲載

ファストファッション、言い換えれば、手軽に買える安い衣料品。Tシャツもパンツも靴下も、とにかく何もかも安いファストファッション店と聞けば、多くの人はあのチェーン店を想像するだろう。

仮にそのチェーンを「X」としよう。

本記事のリポーター、熊田氏はXの店長として3年間働き、今から数カ月前に逃げるようにして辞めた男だ。

そう、逃げたのだ。なぜ彼はそんな退社の仕方を選ばねばならなかったのだろう。

内定が出たときは『よくやった！』

平成21年、大学を卒業したオレはアパレルチェーン・Xに新卒で入社した。

第一志望の会社だった。学生時代の居酒屋バイトで接客には多少なりとも自信があったし、どの仕事でもその基本は変わらないはずだと考えたからだ。

なにより待遇が魅力的だった。アパレル業界トップクラスの高給を誇り、店長クラスになれば年収500万は固い（就職本に書いてあった）。内定が出たときは親や親戚に「よくやった！」と褒められたものだ。

入社式を終え、1週間の研修を経て、いよいよXでの店員デビューだ。

朝8時、タイムカード代わりに、店内パソコンの「出勤」ボタンをクリック。

掃除をして、店の奥から商品を補充していく。同じTシャツでも色の種類が豊富なので、それはそれは膨大な量だ。

開店前には店員全員で、「笑顔」「礼儀」といったフレーズを含む、いかにもな唱和をくり返し、いよいよオープンとなる。

営業中については、まあ、いわゆる服屋の仕事と言うしかない。レジを打ったり、シャツをたたんだり。正社員といってもバイトさんたちと、やることはほぼ同じだ。

が、こんなヒラ社員のままで生きていくつもりはさらさらないし、会社側もそうのんびりはさせてくれない。

「来月、店長テストを受けてもらうから、勉強しておくように」

店長からそう声をかけられたのは、入社半年が過ぎたころだ。テストはおよそ半年ごとに開催され、オレみたいな新卒はもちろん、不合格続きの「店長浪人」たちも受けるらしい。

出世するには、まずは店長にならなきゃ始まらない。当然、張り切って受験した。

設問は、研修時に配られたマニュアルから約50問出た。『色の基礎知識について正しいものを選べ』といった内容だ。

難なく一発目で合格した。入社半年で店長なんて、オレってすごくない？　と浮かれかけたが、同期のほとんどもちゃっかり合格していた。

今にして思う。こんなに店長が増えたら、店の数が足りなくなるんじゃ…と疑問を持ち、そのカラクリに早く気づくべきだった。

どうすれば自社製のベルトを身につけさせられるか

晴れて店長として配属されたのは東京郊外の店舗だ。初日はＳＶ（地域の数店舗を統括する本社付きの社員）と共に出勤して、挨拶からはじまった。

「今日からお世話になる熊田です。よろしくお願いします」

「よろしくお願いします！」

バイト店員たちのはきはきとした返事が気持ちイイ。よしよし、よろしく頼むよ。

そこから閉店8時までの作業は、これまでとほぼ一緒。しかし閉店後が、さすが店長と言うべきか。売れそうな商品の発注作業や、アルバイトのシフト作り に始まり、当日の日報、明日の営業目標も提出しなければならないのだ。こんなもんに2時間もかかってしまった。ヒラ時代は、閉店したらすぐに帰れたのに。

店長2日目、朝の掃除の最中にSVがやってきた。

「はい、みんな集まって。これから服装チェックをします」

そう、Xの店員は、勤務中は自社商品を着用しなければならない決まりになっている（靴だけは構わない）。ヒラ時代もたまにこのチェックがあったけど、必要あんのかね。みんな、どっから見たってXファッションじゃん。

ずらりと並ぶオレたちの前をＳＶが歩いていく。

「えー、上下ともＯＫだね。前髪がちょっと長いかな。はい次」

と、１人の男の子の前でＳＶが首をひねった。

「このベルトはウチのじゃないね」

「あっ、はい…」

「ダメですよ。明日からはちゃんと規定のものをつけてください」

バカだな、あいつ。なんでベルトだけでお洒落してんだよ。どういう意味があんのさ。

しかし怒られたのはオレだった。

「店長、どういう教育してんの？」

「えっと、すみません」

「今日中に是正案を出して。それを元に、また明日、話しに来るから」

是正案？　今後どうすれば自社製のベルトを身につけさせられるか、書面で提出しろってことらしい。

閉店後、パソコンに向かった。えーっと、自社のベルトを使わせる方法ってか…。

手が動かない。そりゃそうだ。そんなの「明日からはちゃんとウチのベルトをつけてきてね」の一言しかないだろうに。

悩みに悩んで、『朝礼のたびに口酸っぱく言うようにする』的なことを書き終えて送信した。時刻は夜の11時を回っていた。

ことあるごとに会議、会議、会議

Xではこういった〝くだらないこと〟が非常に多い。

店長になってすぐ、月の売上げが目標額に届かなかったときも、オープン前の時間帯に、形式的としか思えないミーティングが開かれた。

参加者は、SVとオレ、ベテランアルバイトの3人だ。

「まずね、目標に届かなかったのを恥と思ってください。店長、達成できなかった理由はなんだと思いますか？」

理由…。客が買わなかったからじゃないか。それじゃ駄目か。

す」

「はい、えっと、アルバイトさんたちに対して正確な目標を共有できなかったボクの責任で

「では今月はどうすれば目標達成できますか？」

バイトさんが答える。

「ひとつひとつの仕事を丁寧にやることがお客さんを呼ぶためには重要だと思います」

何なんだろう、この、小学校のクラス会のような、形式をなぞっただけの意見会は。

極めつけはSVのまとめの一言だ。

「とにかく一つ一つをキッチリやっていこう」

こんなことに時間を取らせるなよ。

以降、目標額に達しなかった月は、毎回、このような意味のない会議が開かれ、同じやりとりがかわされた。

それだけじゃない。日報の送信が遅れたら会議、バイトが遅刻しても会議、本部の指示どおりに商品を並べてなければこれまた会議だ。

それらはすべて店のオープン前に30分～1時間も行われるため、通常の8時出社では時間が足りず、必然的に7時には出社して、掃除や商品出しなどしておかねばならない。しかもバイトをシフト前には呼べないので、オレ1人でだ。

タイムカードを押してから働けばいい

仮に、午前7時に出社し、閉店後の事務作業を終えて、午後11時に退社するとしよう。

多少の昼休憩を差し引いても、その日は15時間以上働いたことになる。

こんな1日は決して特別なケースじゃない。というか、ほとんどがこんな感じだ。

休みについては、週休2日という建前がある。曜日に関しては本人の裁量まかせだ。

しかし実際問題として、この休みがなかなか取れない。自分が休むことでバイトを増員すれば人件費がかさむし、営業中、バイトだけでは解決できないトラブルも起きる。SVからは、たとえ休もうとも日報だけは店長が出社して書くようにと、無茶なことを言われたりもする。こんな状況下で、どう休めというのだ。

さて、ここである問題が生じる。

Ｘでは店長の勤務時間は月に２４０時間までと厳しく管理されているのだ。少しでも超えた人間はボーナスが削られ、経緯書を提出させられる。

1日15時間勤務、休みも取らずとなると、２４０時間なんて数字は月の半分くらいで超過してしまうことになる。それ以降は出社できない？　店はどうなる？

対処法は二つある。

一つはバイトのシフトを増やし、自分は休むこと。しかしこれは難しい。人件費が増えるとＳＶに怒られるし、なによりバイトたちだってそう易々と入ってはくれない。

もう一つの方法は、タイムカードをさっさと押してしまい、その後で働くことだ。11時までじゃなく昼の2時に帰ったことにすれば9時間分は浮く。つまりは泣く泣くそうせざるをえない、広義での〝自発的な〟サービス残業だ。

店長になってまもなく、オレはこの手法を繰り返して、データ上の勤務時間を２４０時間以内に押さえ込むようになった。実際には、多い月だと４００時間は働いたはずだ。

大量に辞めるからこそ、大量の店長が生まれ得る

店長になって1年が経った。

ウチの店はイマイチ売上げが上がらないので、SVは顔をあわすたびに人件費を削れとうるさい。バイトのシフトを減らせってことだ。つまり1日5人のところを4人にして、そのぶん店長が働きなさいと、そういうことだ。

「今週は3日程度に抑えてもらいたいんだけど。他の人との兼ね合いもあるからさ、ね？」

こんな感じで一人一人の出勤を減らしていくことにより、なんとか人件費は減り、SVに褒められるようになった。

だが今度はバイトたちが黙ってない。

「これくらいは稼ぎたいっていう金額があるんですよ。もうちょっとシフトを増やせませんか？」

彼ら彼女らにはそれぞれの生活があるのだ。不満ももっともである。

そしてついに決定的な事態が起きた。ベテランバイトの子が無断欠勤を繰り返し、そのまま飛んだのだ。これまで新人教育や掃除チェックなどをまかせていたので、それがそっくり自分にのしかかるハメに。

かくして、今まで月に3日程度しか休めなかったのが、ついに休日ゼロになってしまった。

皮肉なことに、X社自体の業績はどんどん上がっていった。最高売上げを達成したとかなんとかで、多少はボーナスもアップした。

オレはそんなニュースが出れば出るほどに疲弊していった。まるで関係のない会社の偉業を聞かされているような、不思議な感覚だ。

2年も経つころには、顔見知りの同期の半分近くが辞めていた。

そう、大量に辞めるからこそ、毎年、大量の店長が生まれ得るのだ。

オレだってさっさと辞めて他の仕事を探そうかと考えたことはあるけど、いざ転職活動をしようにもそんな時間は見あたらない。Xにとどまっていたのは惰性という以外に言葉が見つからない。

管理された英語学習に読書感想文まで

もはやほとんどの時間を仕事に費やすオレだが、さらに追いうちをかける事態が発生した。店長は英語の勉強をすべしとのお達しが出たのだ。

パソコンを使ってオンライン上でレッスンを受けるというシロモノなのだが、こいつがクセモノで、誰が、いつ、何時間勉強したかを本部で把握できるようになっている。

しかも週に10時間のレッスンを受けなければ授業料の半額（1万円程度）が給料から天引きされるだなんて、とんでもないコトを決めてくれたもんだ。

閉店後、時間を見つけて店のパソコンに向かう。画面の向こうでは先生がニコニコと英語を話してるけど、こんなもん、頭に入ってくるわけねーだろ。

眠気と戦いながら40分のレッスンを受け、終わったらまだたっぷり残っている仕事をやって、ようやく帰宅だ。

さらにオカシな課題も出てきた。不定期で読者感想文を提出しろというのだ。

課題は社長の本や、経営学の本で、面白くもなんともないものを読んで、８００字程度の感想を書く。

『病院？ やめときなよ。休まれたらこっちが困るから』

『グローバル企業化の施策に共感を覚えました。自身も現在英語の勉強にはげんでおり、近い将来やってくる国際化時代に対応できるよう頑張っていくつもりです』

これで70文字弱か。いったい何をどう書けば終わるんだ……。

もちろん提出の期限はある。バイト代を出してでも誰かにやってもらおうと真剣に考えたが、仕事ばかりのオレにはこんなことを気軽に頼める友だちも、すでにいなくなっていた。

何かヘンだと自覚しはじめたのは昨年の夏のことだった。

「店長、店長」

「…ん？　どうしました？」

「目を開けたままイビキかいてましたよ。大丈夫ですか？」

バイトがからかう。まさか。レジに立ちながら寝るなんて、そんなことあるか？　目を開けたままイビキをかけるわけないだろ。

だがそれは予兆に過ぎなかった。少ししてから、朝の出勤時に足が動かなくなったのだ。

突然ピタリと。しかたないので通行人に声をかけた。

「すみません、ちょっとボクの足を動かしてもらえませんか？」

「は？」

何人かに断られるうち、やっと自然に動くようになった。何だ、これは？

些細な異変が続いたのでＳＶに相談した。

「こういうのが多くて、病院に行こうと思ってるんですけども」

「病院？　やめときなよ。行ったらなんにもなくても病名がつけられるんだから」

「え？」

「休まれたらこっちが困るからさ」

この彼の言葉でようやくオレは目を覚ました。こんな会社、そこまでして働き続ける必要はない。

★

Ｘから逃げ出したのは、とある朝からだ。

その日、部屋の布団で目が覚めたら、時計は昼の２時をさしていた。やべ、遅刻だ！

ケータイはＳＶと田舎の両親からの着信で埋まっている。なんで両親が？　ま、とりあえずかけとくか。

「もしもし、オレだけど」

「貴久、大丈夫か？　会社の人がウチに来たけど」

「え？」

「3日も無断欠勤してるんだって？　どこか悪いのか？」

意味がわからない。3日？　もしかしてオレは3日も眠りこけていたっていうのか？　眠ったときのことを思い出そうにも、日にちの感覚がないのでどうにもならない。

「ごめん、オレこのまま仕事辞めるから、今度会社の人が来ても知らないって言っておいて」

そのまま荷物を置きっぱなしで部屋を出て、高校時代の古い友人の家に転がり込んだ。会社の人間がやってくるのが怖かったのだ（3日間寝ている間にも訪問はあったかもしれない）。

以上、妙な症状が出なくなった今だからこそ語れる話だ。

ネット通販といえば、『Z』か楽天か。

今やそのどちらも使っていない人はいないんじゃないかと思えるほど、両社の販売額はケタちがいに大きい。

たとえば『Z』は、酒でも洋服でもエロ本でも、「ポチっ」とクリックするだけで、数日、早ければその日のうちに商品が家庭へ届けられる。驚くべきスピードだ。

その利便性のキモは〝倉庫〟にある。

単純に考えてみればわかる。なぜクリック当日に商品が届くのか。24時間、瞬時にその商品をピックアップし、梱包して発送する、その全過程がシステマチックに行われているからにほかならない。

本ルポは、その『Z』の巨大倉庫で働いた青年の体験談である。

ト通販会社
庫で働く

『裏モノJAPAN』2016年1月号掲載

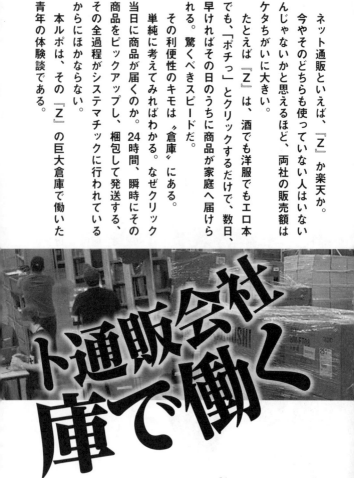

今までの倉庫とは何もかもが違う

5年前の9月、地元の求人フリーペーパーにこんな募集が出ていた。

〈簡単倉庫内作業　時給950円
無料送迎バス有　深夜勤務も可
●●通運〉

高校を出てから倉庫内作業バイトを転々としてきたオレ。時給950円スタートはなかなか魅力的だ。

さっそく電話をかけ、面接へ。指定された駅から送迎バスに乗り、巨大な倉庫の前で降りた。

事務所で履歴書を渡した途端、すでに採用は決定したかのような形式的な面接が始まっ

あの巨大ネッ『Z』の倉

リポート
向井修一郎（仮名）
31歳、関東某県在住

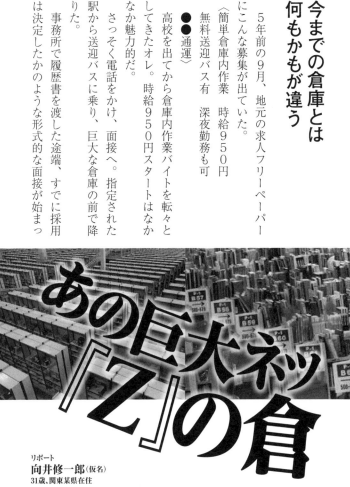

た。

「いつから勤務できます？」

「明日からでも大丈夫です」

「週何日をご希望ですか？　日勤と夜勤、どちらがいいとかあります？」

「週5、6は出れます。日勤でお願いします」

「わかりました。仕事はピッキングです。経験はありましたっけ？」

『ピッキング』とはリストを元に、倉庫内の商品を集める仕事だ。過去に一度、スーパーに卸す缶詰のピッキングをやったことがある。

「はい、経験あります」

「ちなみにウチが扱うのは『Z』さんの商品ですので」

ビッグな社名に驚いた。なんと、ココはあのZの倉庫だったのか。つまり●●通運がZの仕事を請け負っているカタチのようだ。

正式に採用が決まり、翌日、朝7時。

例の送迎バスに乗りこむべく列に並ぶ。バスが来るのを待つ間も、乗車してからも、他の人たちの会話は聞こえてこない。みんな静かに外を見ていたり、ケータイでゲームをしてるようだ。

倉庫前でバスを降りて事務所へ。タイムカードを押して担当の社員さん（Ｚの社員ではなく●●通運の人間）と合流し、簡単なオリエンテーションを経て、まずは巨大な倉庫内を案内してもらうことになった。

２階建ての倉庫は、およそ２００メートル四方の正方形。野球場のホームから外野ポールがだいたい１００メートルと思えば、その巨大さはわかっていただけるだろう。

１階には無数のダンボール箱が広がっている。トラックで運ばれてきた本やＤＶＤ、家電などがぎっしり詰まっていて、それをバカみたいな人数で開封したり検品している。

ここは「インバウンド」という部門で、作業員は出入り業者から荷物を受け取って、保管庫にひたすら陳

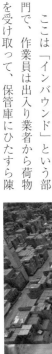

列していく。つまりは商品が「イン」してくるのが1階だ。

エレベーターで2階へ。フロアの端に詰所（●●通運の社員が使う部屋）があり、それを背にしてフロアを眺めてみる。

眼前の光景に、思わず言葉を失った。図書館に置いてあるような大きな本棚がフロアの左半分を占め、ずっとずっと遥か先まで続いている。その距離たるや、端っこ同士に人が立ったら顔が判別できないほどだ。

フロア右半分はもう少し低い本棚が同じように向こうまで続いていて、そのさらに奥には大きいダンボールが異常な数、積んである。

冷蔵庫や洗濯機などの家電、自転車、ハミガキ粉や洗剤などなどの生活雑貨なんかが積み上げられているそうだ。

この2階は「アウトバウンド」部門。注文を受けた商品を保管庫から集めて（これがピッキング）、梱包・発送という、商品の「アウト」作業が行われる。

「では向井さんに働いてもらうエリアに行きましょう」

担当者のあとについて歩く。オレの持ち場は倉庫の左半分を占める本棚エリアらしい。一つの棚が50メートルほどの長さで、それが全部で70列。

棚には、図書館と同じように背表紙を向けた状態で本が置かれている。70万冊以上も保管してあるそうだ。

少なく見積もっても100人以上の人間がフロアを行ったり来たりしている様は圧巻だ。今まで働いてきた工場や倉庫とは何もかもが違う。

目標は1分間に3つの商品を

作業前に、ファミレスの店員が持っているような端末と、買い物カゴを手渡された。

「これはハンディです。ピッキングに使う大事な道具ですね」

随時、ハンディに商品名と位置情報が表示され、それを見ながらこの広いエリアを探し回り、見つけた本をこのカゴに入れていくわけだ。

『位置情報』はこのように表示される。

〈A16C35　裏モノ　JAPAN 1月号〉

最初の「A」は本棚エリアを意味する。オレは本専任のピッキングなので、端末にはAで始まる商品しか表示されない。

続く「16」は、本棚の番号だ。

長さ50メートルの巨大本棚は全部で70もある。1〜70の通し番号が大きく貼り出されているので、この位置情報が届けばすぐ16番へ急ぐことになる。

次の「C」は、本棚の段を表す。本棚は5段になっていて、一番下からA～Eと数える。なお、Eは高すぎるので台に乗らなければ届かない。

最後の「35」は、棚の中のどのあたりに商品があるかを示している。なにせ一つの棚で50メートルもあるのだ。おおよその位置がわからなければ商品は見つからない。「35」の仕切りがあることでようやく目的の本にたどりつけるわけだ（仕切りはひとつの棚に300ほど）。

最後にハンディで本のバーコードを読んでからカゴに入れてピックアップ1冊分が完了する。

「ではさっそく仕事に入ってもらうのですが、ハンディには向井さんの仕事量が記録される仕組みになっています」

「は、はい」

「目標は1分間に3つの商品をピッキングすることです」

1分間に3冊？　ノルマみたいなもんか。

「あと、くれぐれも走らないでくださいね。人とぶつかって事故の元になりますから。それで作業が止まるのが一番非効率的なんです。Ｚはなにより効率性を求める会社なので、肝に銘じておいてください」

走らず、1分間で3冊。単純に20秒で1冊ピックアップの計算になるが……。

ピックアップにしわ寄せがきてるようにも

仕事が始まった。

手渡されたハンディの画面には位置情報と聞いたことのない鉄道雑誌の名前が。えーっと、61通路…って、ほぼ倉庫の端っこじゃん。

走ってはいけないそうなので早歩きで61番へ。ようやく到着して、次は位置を確認だ。15の位置、ここか。で、上から2番目の高さだから…。

あった。なんだこの本、すげーオタクっぽいじゃん。あっ、バーコードをスキャンするんだよな。ピピッと。

カゴに入れたら次だ。今度は10番か。逆戻りかよ。

なんとか3冊集めたところでハンディに表示が出た。

〈今回のスピード　1・1冊／分〉

1分間に1・1冊のペースで仕事をしたという意味らしい。1分で3冊が目標とか言ってたからぜんぜんダメじゃん。

なんて反省してるヒマはない。ハンディには矢継ぎ早につぎの商品が表示される。

再び3冊集めたらあの表示が。

〈今回のスピード　1・2冊／分〉

またダメだ。

担当のAゾーンは端から端まで歩くのに少なくとも40秒はかかる。1分間に3冊だなんて夢のような数字だ。

目標を達成する気配もないまま、これでいいのかと不安になりながらひたすらピッキングを続けていく。

10時を過ぎたころ、フロアに立ってるリーダーから休憩の声が飛んだ。ずっと早歩きしっぱなしでうんざりしてたのでありがたい。

喫煙室には他の作業員がたくさんいた。隣の中年男がオレの肩を叩いてくる。

「新人さんでしょ？　どうよ」

50歳ぐらいだろうか。てっぺんがハゲかけてる、ザ・おっさんだ。

「はい、よろしくお願いします」

「大変でしょ?」

「けっこうキツイですね。そういえばなんで本が50音順に並んでないんですかね。タイトルとか著者名とか、バラバラになってますけど」

「それね。Zは効率を最優先してるから」

オッサンが言うにはこれは他の倉庫にはないZ独特の保管方法らしい。入荷してきた本を棚に陳列するインバウンド担当バイトが、膨大な量をいちいち名前順に並べ替える労力をかけず、そのままドカっと陳列するだけで済む利点があるのだとか。ふーん、でもそのぶんピックアップにしわ寄せがきてるようにも思えるけど。

物理的に無理がある目標としか思えない

昼になり休憩室で昼食タイムだ。持参したカップ麺や弁当を食べてる人がほとんどのようだ。

さっきのオッサンがいろいろ教えてくれた。この倉庫全体で常時150人以上のバイト作業員が入っていて、Zの社員は数名しかいない。彼らは現場に出てくることはなく、倉庫外の事務所で仕事をしている。なので現場にいるリーダーを含む社員さんはすべて請負会社の人間らしい。

午後になっても相変わらず1分1・3冊とかのペースで仕事を続けていたら、リーダーから声がかかった。

「向井さんちょっといいかな?」

倉庫の端にある社員さんの詰所に連れて行かれた。パソコン画面にオレの名前、さらに棒グラフと数字が表示されている。

「これね、キミの仕事の履歴なんだけど、何が言いたいかわかる?」

「ええと…1分に3冊っていうやつのことですよね?」

「そう。わかってるじゃん。1・2冊とか1・5冊とかじゃダメなんだよ。ここでは新人でもすぐにベテランさんと変わらない数字を出さないとダメだからさ」

マジか。バイト初日だってのにいきなり厳しくない？

「すいません」

「はい、じゃあ仕事に戻る。走らないようにね」

それ、それだよ。走らせてくれよ。走ればなんとかなると思うんだけど…。

その後もペースはいっこうに上がらないまま1日を終えた。他のバイト連中を見ても特段早いような人はいないし、何かコツがあるわけでもなさそうだ。物理的に無理がある目標としか思えないんだけどな。

帰りのバスで席についたとき、足に異常があることに気づいた。太ももとふくらはぎがビリビリっと痺れている。競歩を1日やってヘンな筋肉の使いかたをしたのだろう。

今まではひと息ついてたんですか？

翌日ちょっとした奇跡が起きた。ハンディに表示された書籍がたまたま3連続で近場にあったのだ。ラッキー。
〈今回のスピード　5・6冊／分〉

よしよし。これはものすごいんじゃないか？

だが次の３冊はいつもどおりバラバラの場所に置いてあるものだった。結果は１分に１・４冊だ。あーあ。

昼休憩の直後、詰所に呼び出された。これまた棒グラフを前にお説教だ。

「もうちょっと効率的に動かないと目標達成できないよ」

「でも精一杯急いでるんですけど」

「達成できなきゃ意味ないから。この数字が次の契約を結ぶかどうかの判断基準になりますので」

え、いま何て言った？

「今回の契約は２カ月だから、次に繋げるためにもがんばって」

オレが面接で聞きそびれていたのかなんなのか、この倉庫では２カ月という単位でバイト契約の更新があるそうだ。目標達成率や出勤の回数、遅刻欠勤の状況などを鑑みた査定により、そこで打ち切られることもあるらしい。

「スピードをあげるために何かコツとかはあるんですかね？」

「コツはないです。でも達成してる人がいるんですから、できないはずはありません。さ、作業に戻ってください」

なんだよそれ。

こうやって詰所で説教されてるバイトはオレ以外にもたくさんいる。ときにはピッキング作業中にリーダーから檄が飛ぶことも。

「〇〇さん！　手を止めないで聞いてね！　遅すぎるよ！　もっと急いで！」

大げさでもなんでもなく、オレを含む大人数が、最低1日に1回、社員から遅いと言われる有様だ。周りのバイトたちに聞いてみたところ目標達成してる人はほとんどいない。これだとみんな2カ月でクビになるってこと？　そんなことある？

1週間ほどしたある日、夕方5時であがろうとしたところで社員から詰所に呼びだされた。イスに座らされ、A4用紙を2枚手渡される。

「こっちがキミの数日の成果ね。そしてこっちにはなぜ目標が達成できないのか、改善策を記入して」

初日が1分に1・4冊、2日目が1・6冊。たしかに全然ダメだけど、こうして数字で出されると自分がマジでダメな人間のように思えてくる。

もう1枚には『目標達成のために改善すべき点を複数あげてください』と書いてあり、その下に記入スペースが。何を改善すればいいかなんてわかんねーし、とりあえず適当に書いとくか。

「走らないようにしながらも、最大限急いで歩いて、1冊ピッキングしてからも迅速に次に移る意識を持ちたいと思う」みたいなコトをツラツラ書いた。

これで終わりかと思えば、目の前に座るリーダーはまだ何か言いたそうだ。

「このさあ、『迅速に次に移る意識』っていうのは具体的にどういうことを意味してるの？」

「え、えーっと、一冊終わったところで一息つくんじゃなくてすぐに動きだすっていうか」

「今まではひと息ついてたんですか？　それはダメでしょ」

「一息っていうか、別に休んでるんじゃなくてちょっと深呼吸するぐらいですけど…」

「まあ効率を考えたらそれもほどほどにというコトですかね。仕事中は何か考え事をしながらやってます？」

「いえ、特に」

「余計なコト考えてると、自然と歩くの遅くなりますから、仕事に集中してくださいね。あとは…」

およそ30分、改善法を考える時間が続いた。とはいえオレからも、ましてや社員からも抜本的な改善策は出てこない。彼らが言うのは「意識を変える」「無駄な動きをしない」「仕事に集中する」みたいな言葉ばかりだ。

この〝改善ミーティング〟は週に1回のペースで行われる。参加するバイトはオレだけのこともあれば、2、3人まとめての場合もあるが、やはり話される内容は意識を変えようみたいなことのみだ。

何をモチベーションに仕事をすればいいのか

入社して2カ月が経った。オレの作業スピードは相変わらずだが、幸い契約は無事に更新された。

でも数字で査定するってのがウソとは言い切れない。なんせクビになってる人もたくさんいるのだ。なぜオレが残されたのか、理由はわからないけど、Z社の意向と言うよりは●通運の社員の気まぐれかもしれない。

いくらバイトが辞めても次のバイトがすぐに入ってくるので、倉庫作業の効率自体はなんら変わることがない。毎日のように新人が入り、リーダーや社員の檄に耐えられずに辞めていく者もいる。

新人でもベテランでもピッキングの速さはさして変わらないので、まさに「代わりはいくらでもいる」状態だ。

そして先輩バイトから聞いた話によれば、今後いくら長く勤めたとしても時給があがることはないそうだ。つまりピッキングのスピードを改善できたとしてもオレはずっと時給950円ってことだ。

何をモチベーションに仕事をすればいいのか。このへんは他の同業バイトでも同じかもしれないが、特にZ社の倉庫ではそれが如実のように思う。人間というより「ピッキングロボット」として扱われている感覚というか。

12月頭、バイトの数がさらに増え、常時200人以上が倉庫をウロウロする状態になった。クリスマスから年末に向かう繁忙期だ。

朝礼で社員から声があがる。

「年明けまで荷物の量は1・5倍から2倍以上に増えます。目標を達成できていない人たちは必ず数字を達成できるようにしないと、いつまで経っても終わりません！　各自、さらに集中して仕事に取り組んでください！　ただし構内は絶対走らないように！」

すぐに仕事が始まったが、どう頑張っても1分3冊のペースにならないのは相変わらずのまんまだ。オマケに人が多いので、ハンディを見ながら歩いてるとぶつかりそうになる。

その瞬間に社員の声が飛ぶ。

「気をつけなさい！　事故をしたら作業をストップしなきゃなんないんだから！」

さらにそこかしこから社員の声が聞こえてくる。何を怒られてるんだか。

急に1人の社員がオレのハンディを覗き込んできた。

「1・8冊（1分あたり）ってなに？　もっと急がなきゃ！」

あ、怒られた…。くそ、社員の目がいつもより厳しいなぁ。

犯人探しは簡単で、全員の前で叱責

さらにクリスマスが近づいてきたある日、遠くから大声が聞こえてきた。

「いたたた！　ふざけんな！」

何事かと近づけば、バイト同士がぶつかったらしく、片方の額から血が出ている。うわー。

すかさず社員が寄ってきた。

「こら、オマエら走っただろ！」

「オレじゃなくてこっちが…」

「走るなって口酸っぱく言ってるよな？　ほら見ろ、みんなの手が止まってるじゃねーか！」

そりゃあ走ったヤツが悪いのかもしれないし、社員が毎日のように「走るな」と言ってるのも事実だ。でもこの忙しさで「とにかく急げ」とケツを叩かれてるわけで、こういうコトが起きるのも不思議じゃない。

件の2人は詰所に連れていかれ1時間近く説教を受けていたようだ。

世間のボーナスシーズンや年末、入学入社を控えた3、4月はZ社の繁忙期と呼ばれ、倉庫ではせわしない毎日が続く。そうなるとこうした事故がちょこちょこ発生するようになる。

かくいうオレも一度、ハンディに集中して歩いていて社員とぶつかったことがある。

「オマエ、走ってただろ?」

「走ってないですって、イテテ…」

転んで少し足をひねってしまったようだ。ていうかコイツの態度なんだよ。

「とにかく改善ミーティングするから詰所に来い」

「ちょっと足が痛いんですけど」

「じゃあ救護室に行ってから来い」

倉庫内にある救護室で医者に見てもらい、シップを貼って詰所へ向かう。

「まずね、絶対に走ってはいけないと言ってるじゃないですか」

「走ってはないんですって。ハンディに集中してて」

「走ってなかったとしても事故を起こされると困るんですよ。では改善の方法を考えましょう。これを記入して」

でたよ、また改善だ。意味ないってのに…。

繁忙期には事故だけでなく、その膨大な物量を扱うゆえのミスも起こる。

バイトをはじめて1年が経ったころ、ハンディに表示されたある漫画本が、指定された棚で見つからなかった。あるはずの位置にないのだ。

どう探してもないので、社員に声をかける。

「うーん。そんなわけないんだけどなぁ。ちゃんと探した?」

「はい、近くもしっかり調べたんですけど」

「じゃあそれ飛ばして次に移って」

翌日の朝礼。リーダーは不機嫌の極みだった。

「昨日の発送で間違った商品が届いたと、お客さまからクレームが入りました。××さんのピッキングミスです」

指摘された本人は顔を強張らせている。どうやら本を5冊注文した客のもとに、6冊届いてしまったらしい。その余計な1冊こそ、昨日オレが探しまくったものだった。

「××さん、何を考えてるんですか？　勤務時間後に改善ミーティングを行いますので忘れずに。他の人たちもこのようなことがないよう最善の注意を払ってください」

全員の前で怒られた男性はいまにも泣き出しそうだ。Z社倉庫ではハンディを通じて一人一人の仕事の履歴がわかるため、犯人探しは簡単で、全員の前で叱責される。

ピッキングミスを犯した人間はその叱責に耐えられず辞めるか、契約期間が終わったところでクビになるのもお決まりだ。

テンガを持ち出しトイレオナニーでクビに

なんだかんだで3年以上も続けているZ倉庫のバイトだが、とにかくバイトの業務管理に厳しい点こそが、一番キツイ部分だ。

社員に作業履歴を逐一把握されてること、到底達成し得ない目標設定、達成できずに怒られること、しょっちゅう開かれるムダな改善ミーティング。

さらにこのころ、倉庫の天井には何個もの監視カメラが設置された。本物かどうか知らないが、これがいったい何を意味するのか、社員からの説明はない。

監視、管理。1日中歩き回るために足の疲れが取れることはないのだが、それ以上に精神的な疲れが蓄積していく毎日だ。

そんな徹底管理下に置かれた倉庫で思わぬ事件が起きたことが、朝のミーティングで全員に知らされた。

「昨日、男子トイレの個室で、開封されたアダルトグッズが見つかりました。商品に手をつけるのは窃盗

です。これから調査に入りますが、心当たりのある人間は正直に社員に伝えてきてください」

同僚から漏れ聞いた詳細によればどうやら使用済みの『テンガ』がバイト専用トイレに残されていたそうだ。

おそらくピッキング担当の誰かの仕業だろうな。アダルトグッズはCゾーン（家電や雑貨の保管庫）にあるから、そこで作業をしてるヤツか。スピードを要求されるわりにはトイレは自由に行けるため、ついつい息抜きにテンガオナニーでもしちゃったんだろうか。大胆なヤツだ。

こういったコトを聞いたのは初めてではなかった。過去にも漫画本をこっそりトイレに持ち込んで、その現場を社員に見つかったヤツがいた。商品を外に持ち出すのは荷物チェックのおかげで不可能なので、悪事はトイレで行われるのだ。

その多くは犯人がわからないままウヤムヤになって終わるのだが、今回ばかりはそうもいかない。監視カメラの存在があるからだ。

また翌日、朝礼でその顛末が報告された。

「えー、おとといの盗難事件についてですが、ピッキングチームの△△さんによるものだと判明しました。カメラも設置されましたので、みなさんも間違った行動を起こさないよう注意してください」

名前まで出すことないよなぁ。「オマエらも何かしたらこうなるんだぞ」ってことかい。

フェラ女はスピードを求められない

トイレといえば、ちょっとした楽しみがある。Z倉庫の仕事でやりがいを感じることがあるとすれば唯一この部分のみだ。

最初の遭遇からして驚いた。一時期夜勤に入っていたころ、トイレに入ろうとしたら社員と女性アルバイトの子が男子個室に入っていくのが見えた。

なんだなんだ。音をたてないようソロリと近づいたら、すぐに音が聞こえてきた。

「ズズズ、ジュル、ジュポ」

…え、しゃぶってる？　マジかよ。

そのまま隣の個室に入ってみた。フェラ音が止む気配はない。その女性が梱包の担当であることは知っていた。さしてカワイくもないけどせっかくなのでその音でオナニーさせてもらい、2人が出ていったのを確認してから現場に戻った。

この日を境にトイレの方向を注視するようにしたところ、月に1度のペースで例の2人がトイレに入っていくことがわかった。

単に2人は付き合っていてそういうプレーに興じているのだと思っていた。だけど同僚によれば、彼女は長年Z倉庫に居座る有名な女なのだとか。

「社員の機嫌をとるためにやってるんだってよ。だからあの女は急げとか効率とか言われないらしいよ」

なんだそりゃ。女っていいなぁ。

ちなみにそれからまもなくして、ご機嫌とりフェラ女がもう1人現れた。不思議な職場だ。

★

その後、Zに嫌気をさしたオレは退職した。4年も続けたというのに、いつまで経ってもスピードアップ、改善ばかりでほとほと疲れてしまったのだ。

Zはいまでも成長を続けている。その陰にオレたちみたいなロボットがいることを、たまには思い出してほしい。

『裏モノJAPAN』2012年5月号掲載

餃子の「O」での地獄の

リポート
山田泰介（仮名）
20代、九州在住

２００８年６月、居酒屋の大手チェーン『和民』が話題になった。26歳の女性社員が１００時間近い残業を強いられた挙げ句、入社２カ月で自殺したという〝事件〟が報道されたのだ。当然のようにネット上では、『ブラック企業』との批判が相次いだ。が、こうした会社は決して珍しい存在ではない。山田泰介氏（仮名、20代）は、全国に５００店舗以上を展開する、大手の激安中華料理レストランチェーン「O」で働き、あまりの激務のため1年間で退社した人物だ。和民よりもはるかにハードかも知れぬ中華料理店での、真っ黒な日々を語ってもらおう。（本文中の写真はイメージです）

ような日々

「飲食は不景気にも強いからね」

2年前、高校3年のとき。就職を考えていた僕が、進路相談の際、学校の先生からすすめられたのが激安中華料理チェーンOだった。

どんな会社なのかはよくわからなかった。全国的には有名みたいだけど、僕が住む九州の県には1軒も店舗がなかったのだ。

先生はこれから伸びていく会社だという。仕事内容は厨房のスタッフ。要はチャーハンやラーメンを作るってことか。

「条件はどんな感じなんですか」

「こんなかな」

差し出された求人票によれば、給料は額面が16万円（ボーナスは年2回）。高卒ならこの程度か。

勤務時間は、10時〜23時くらいと、やや長かったようなイメージがある。休みは週2日。まあ普通だろう。

残業代についても、支給されると明記されている。

「料理なんてしたことないんだけど、僕にできますかね」

「為せば成るだよ。飲食は不景気にも強いからね、いいと思うよ」

やってみるか。他にやりたいことがあるわけでもなし、

こうして福岡・天神の貸事務所のようなところで入社試験（三桁の暗算と英語のヒヤリングのみ）を受け、同じ日に面接を済ませると、後日、自宅に合格通知が届いた。カンタンなものだ。

「よかったな」

「ホントだよ〜」

両親が満面の笑みを見せる。ほいほい。立派なコックになって、オイシイ中華料理をいつか喰わせてやるからな。

その後、福岡で合格者の合同説明会が行われ、関東の某店舗に配属が決定した。住まいは

会社の寮（家賃は自己負担）に入ればいいとのことだ。ギョウザ、焼きまくるぞ！

会場の親たちはみなドン引きしていた

4月、京都の体育館のような会場で入社式が行われた。いよいよ今日から社会人か。不安と希望がないまぜになった妙な気分だ。

会場には、全国からおよそ100人の新入社員が参加していた。僕と同じ高卒がメインなのか、とにかく若い。男女の比率は6対4ってとこか。

片隅には、新入社員の父兄も来ていて（僕の両親もいた）、さながら高校の入学式みたいな雰囲気だ。

偉いさんが壇上でスピーチを始めた。

「初めまして。私は…」

退屈なしゃべりが終わり、続けて一社員が壇上に上った。

「飲食の仕事にとって一番大事なのは返事です。いまから事前に練習するから、私が『社員起立』と言ったら、全員で大きな声で『はい』と答えて、席を立つように」

先までダラけていた会場の雰囲気が一変した。

「社員起立！」

「はい！」

全員が大きな声で立ち上がるや、社員からゲキが飛ぶ。

「声が小さい！　もう一度！」

「は、はい！」

席についたところで、

「社員起立！」

「はい！」

続いて、全員一斉ではなく、新入社員個人個人の名が読み上げられ、大声で立ち上がる儀式がスタートした。

「山田太郎！」

「はい！」

「声が小さい！　もう一度！」

「はい！」

こんなのを100人分もやるのかよ。どんだけ時間かかるんだ。何回もやり直しさせられてるヤツもいるし…。

いよいよ僕の番だ。緊張するなあ。

「山田泰介！」

「はい！」

「声が小さい！　もう一度」

「はい！」

2回で着席を許された。あ～助かった。

にしても、なんでこんなことをやらせるんだろう。軍隊にしか思えないんだけど。

見ると、会場の親たちはみなドン引きしていた。母ちゃん、父ちゃん、そんな顔せんとって！

外部と連絡できるツールはすべて没収

入社式が終わったら、新入社員は全員そのままバスに乗り、神奈川県へ移動した。2泊3

日の新人研修のためだ。

到着したのは、足柄山の中にある合宿施設だった。ロビーに全員が集合したところで、5人の社員が登場した。彼らが僕らの指導に当たるようだ（講師という）。

「今日からここでキミたちに研修してもらう。厳しいかもしれんが、耐えるように」

「……」

「今から外部との情報を遮断する。テレビや新聞などの娯楽も一切ないからそのつもりで」

「……」

「では、携帯やパソコンなどの私物はすべてこちらで預かる。全部、出すように」

呆然とする皆を尻目に、私物チェックが始まった。講師がカバンをあさり、外部と連絡できるツールはすべて没収だ。中には、もってきたお菓子を取り上げられたヤツまでいる。

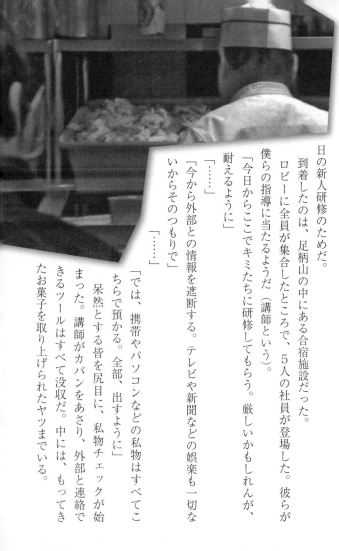

講師が続ける。

「これから各部屋の部屋長を決める」

研修では1部屋に1班（5〜6人）が泊まり、行動もすべて班単位で行う。そのリーダー決めだ。

幸い、僕は選ばれずに済んだが、ほっとするのも束の間、すぐに部屋の掃除をやらされた。

「これからお世話になるんだから、ピカピカに磨き上げろ！」

へいへい、わかりましたよ。

覚えられなかったら、本社に親を呼ぶ

翌日は朝6時にたたき起こされた。眠い目を擦りながら、グラウンドに集合すると、すでに5、6人の講師が勢揃いしていた。

まずは合図に従って、社員全員で会社オリジナルの「O体操」開始。音楽のないラジオ体操みたいなものだ。

体が温まったら朝食を挟み、2〜3の班単位で会議室のようなところに集合だ。渡されたのはこんなことが書かれたテキストだ。

●○5訓＝接客の心構えを説いた5つの社訓
●○10訓＝経営の心がまえを説いた10の社訓
●接客7大用語＝接客の際に使われる重要な7つのことば。

つまり全部で22。最終的にはこれを一語一句、正確に覚えるらしい。かなりの文章量だけど大丈夫だろうか。

まずは講師と一緒に○5訓を唱和だ。

「一つ！　○は常に味に挑戦しよう！」

講師が大声を上げたら、新入社員たちも声を張り上げる。

「一つ！　○は常に味に挑戦しよう！」

「一つ！　○は常に真心でお客様をもてなそう」

「一つ！　Oは常に真心でお客様をもてなそう」

こんな調子で5訓、10訓、7大用語をすべて読み終えたら、続いては個人1人ずつ順番に発声だ。

ほどなく、番が回ってきた。

「山田泰介！」

「はい！」

サッと立ち上がる。目の前には新入社員が20人。う～緊張するなあ。

僕はテキストを見ながら、大きな声を張り上げた。5訓の制限時間は8秒。オーバーするとやり直しだ。

「一つ！　Oは●▲□×●▲□～」

早口を通り越して、自分でも何を言ってるのかわからない。それでもどうにかすべてを言い切ったところで、ゲキが飛ぶ。

「9秒もかかってる！　もう一度！」

「はい！」

こうして丸一日がこの調子で進んだ。最初はテキストを見ながら、そして徐々に暗記。最終試験では、22のフレーズをすべてソラで読み上げられた者だけが合格だ。失格者は何度もやり直しだ。

僕はなんとかクリアしたが、やり直しの連続で泣き出す者までいた。

でも講師は容赦しない。

「合宿中に覚えられなかったら、本社に親を呼んで一緒に覚えさせるぞ！」

客の食べてる前で皿が飛ぶ

バカみたいな研修が終わり、僕は関東の店へ配属された。さあ、いよいよ本番だ。

店は郊外型の大型店舗で、従業員は店長の他、チーフが1人、僕ら新人3人を含めた社員が5人、パートとバイトが交代で10人ほど。なかなかの大所帯だ。

「初めまして。これからよろしくお願いします」

「よろしく」

挨拶が済み、チーフから業務の説明があった。営業時間は朝の11時30分から深夜2時までで、新人のうちは朝11時に来ればいいらしい。マニュアルがないので、仕事はすべて上の人間が実地で教えていくとのことだ。

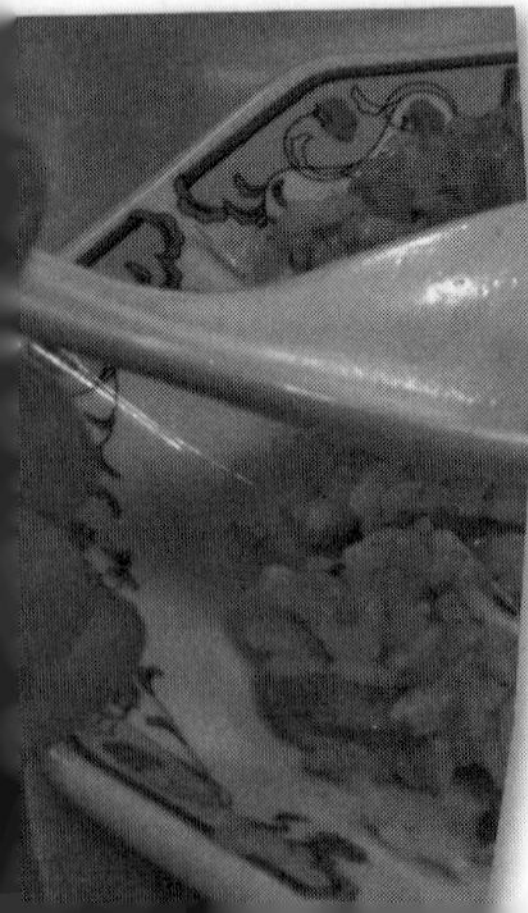

最初の持ち場は洗い場だった。ただひたすら皿を洗い、空いてる時間にメニューを見て料理の名前と値段を覚えていく。

昼になり、まかないが出てきた。チャーハンと餃子だ。遅まきながら、これが僕の初めての〇体験だ。

うん、うまい。これで600円ちょっとなら、客も押し寄せるよなあ。

なんて呑気にしてられたのも最初だけだった。新入社員が慣れてきたと見るや、厨房のあちこちで怒号が飛び交い出したのだ。

「テメー、キャベツ切ってねえじゃねえかよ！」

「す、すいません！」

ピリピリした空気が漂う中、僕にも叱咤が飛んできた。

「おい、この皿、ちゃんと洗ったのか！　汚れてんじゃねえかよ、バカ野郎！」

放り投げた皿が体にぶつかる。何もそこまでしなくても…。

「なんだ、文句あんのか！」

「いえ、申し訳ありません！」

個人経営の店ならまだしも、天下の大企業でこんな仕打ちを受けるなんて。

しかも厨房は、客から丸見えなわけだし、食欲をなくすんじゃ？

残業100時間越えで残業代ゼロ？

3カ月が過ぎ、僕は焼き台とフライヤーの担当になった。餃子を焼いたり、春巻きや唐揚げを揚げる役目だ。

一見、難しそうだが、タイマーで決められた時間に具材を引き上げるだけなので、コツさえわかれば、誰にでもできる仕事だ。

むしろキツいのは勤務時間の増加だった。店長やチーフが当然のように残業、早出を言いつけるようになってきたのだ。

「明日、仕込みのパートが休みだから、早出してくれ」

「はい」

「それと今日、店が閉まった後の掃除もやっとけよ。隅々までキレイにな」

「わかりました」

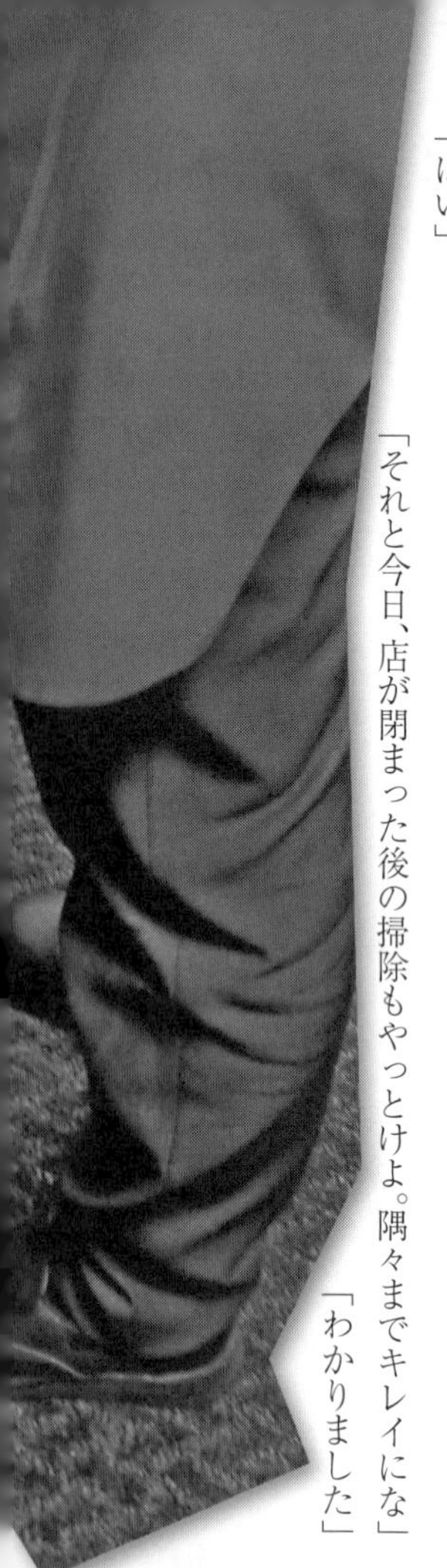

新入社員の立場では断ることもできず、いつのまにか朝9時から深夜2時までのフル稼働になっていた。休憩の1時間を除き、実働16時間だ。

たまの休日も油断ならなかった。しばしば店長から電話がかかってくるのだ。

「忙しいから、すぐ来い」

「でも、僕、いま友達と遊んでるんですけど……」

「あ～、口答えすんのか？　とにかく来い！」

こうして週2の休みは1日、また1日と減らされ、月に3日休めればいい方になった。

それだけ働けば、残業代がとんでもない額になるのでは？

との期待はまったくの的外れだ。残業時間が月１００時間を軽く超えても、一切残業代などつかないのだ。

先輩社員に聞いたことがある。

「あの、残業代ついてないんですけど、これってどういうことなんですか？」

「はあ？　飲食店にそんなもんあるわけないだろ」

あるわけないって、高校の求人票には『支給』と書いてあったのに。

「お前だけじゃなくてみんなそうなんだよ、下らないこと考えてないで、頑張って上にあがれ。そしたら給料があがるから」

上にあがるまで、手取り13万円の安月給で我慢しろってか。ていうか、上に上がるのっていつのことなんだよ。

公私混同にイジメのオンパレード

半年後、〝鍋〟を任された。チャーハンやホイコーローなど、パートがあらかじめ切っておいた具材を炒めるのだ。

鍋ができたら中華の料理人としては一人前、とはよく言われることだが、わずか半年の修行で一人前になれるわけがない。

Oの場合、どの社員にいつどんな料理をさせるかは、店長の裁量に任されている。腕などなくても、鍋は出来るのだ。同じチェーンなのに店によって味に違いが出てくるのもこのためだ。

このころになると、店長の暴力はますますエスカレートしていった。僕が慣れてきた＝辞めないと踏んだのか（同期2人はすでにバックレた）、やりたい放題だ。

たとえばキャベツを本来の容器ではなく別のザルに入れただけで、

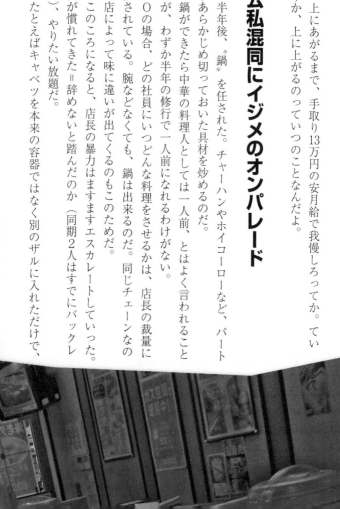

胸ぐらを摑まれ、

「殺されてえのか、この野郎！　こっち来い！」

店の奥で、顔面グーパンチ&蹴りだ。

公私混同もはなはだしく、休み時間にタバコを買いに行かされたりは当然で、ときには個人的なデートのときの運転手までさせられた。

上司が相手では断るに断れない。せめて先輩にでも相談すれば、なんて考えるのは実情を知らない人間だ。

店の人間関係はギスギスしており、誰1人として信頼などおけたもんじゃない。どころか店内は無用なイジメのオンパレードだ。煮えたぎったラーメンの汁を腕にかけられたときは、本気で殺意を覚えたものだ。

本社マネージャーと店長のプライド争いまで

10カ月が過ぎたころ、人事異動があり、別の地方に新しくオープンする店に配属されることになった。

新店は、店長が1人、チーフが1人、平社員は僕を含めて2人で、パートが15人ほど。そこに本部の社員（トレーナーやマネージャー）や、他店の店長も手伝いにくるため、てっきりラクになるかと思ったら、まったくもってアマかった。

営業時間は朝の10時からなのだが、店が軌道に乗るまでの間は朝6時出社なのだ。寮住まいの僕は5時起床だ。

さらに夜9時に店が終わっても、店長やマネージャーが毎日のように売り物の酒を出してくる。

「この後、ミーティングだから、付き合え」

「でも、明日も早いですし…」

「あ、付き合えないのか?」

「わかりました」

この酒盛りが夜中の2時まで続くからタマんない。なんだかんだで、睡眠時間は平均2時間という有り様だ。

休みらしい休みももらえず、怒鳴る、殴る、蹴るも当たり前。前の店以上

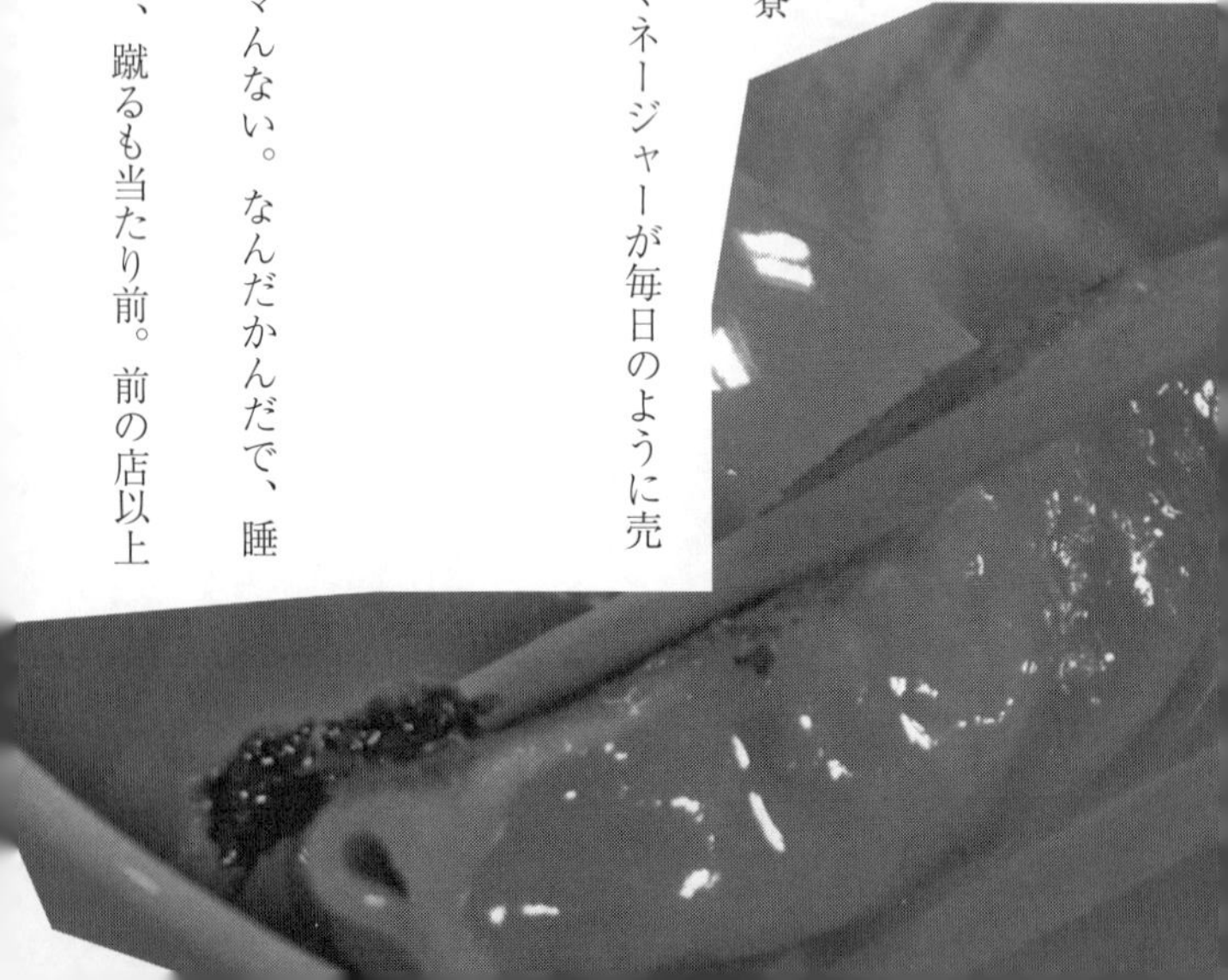

の悪環境だ。

中でも驚いたのは、上の人間同士でしょっちゅうケンカすることだ。

「テメー、本社のマネージャーだからってナメんなよ」

「ああ、店長のくせして何ホザいてんだ、この野郎！」

どっちが偉いかなんてどうでもいいが、彼らなりのプライドがあるのだろう。一度など、バックヤードでボコボコに殴り合っていたこともあった。

仕事がキツく、睡眠時間もなく、上の人間が反目しあえば、下の人間にも影響が出ないわけがない。注文を通す声や、厨房の油の音だけは賑やかでも、僕らの心の中はいつも冷え冷えとしていた。

★

間もなくして、僕は○を辞めた。ときどき懐かしいあの餃子の味を思い出すが、あれ以来、一度も食べてはいない。

脱サラしてラーメン「K」のFC《フランチャイズ》オーナーになったけれど…

脱サラしてラーメン屋の店長になる人間は、大きく2パターンに分かれるのではないか。

ラーメン好きが高じ、自分も人気のラーメンを作ろうと一念発起し、スープがどうこう麺がどうこうと研究しながら邁進するタイプ。

かたや、大手ラーメンチェーンのフランチャイズオーナーになって、店作りも味も本部の言うがままに作り、あわよくば経済的に成功したいと考えるタイプ。

どちらが良い悪いということはなく、どちらにも成功失敗はあるだろう。

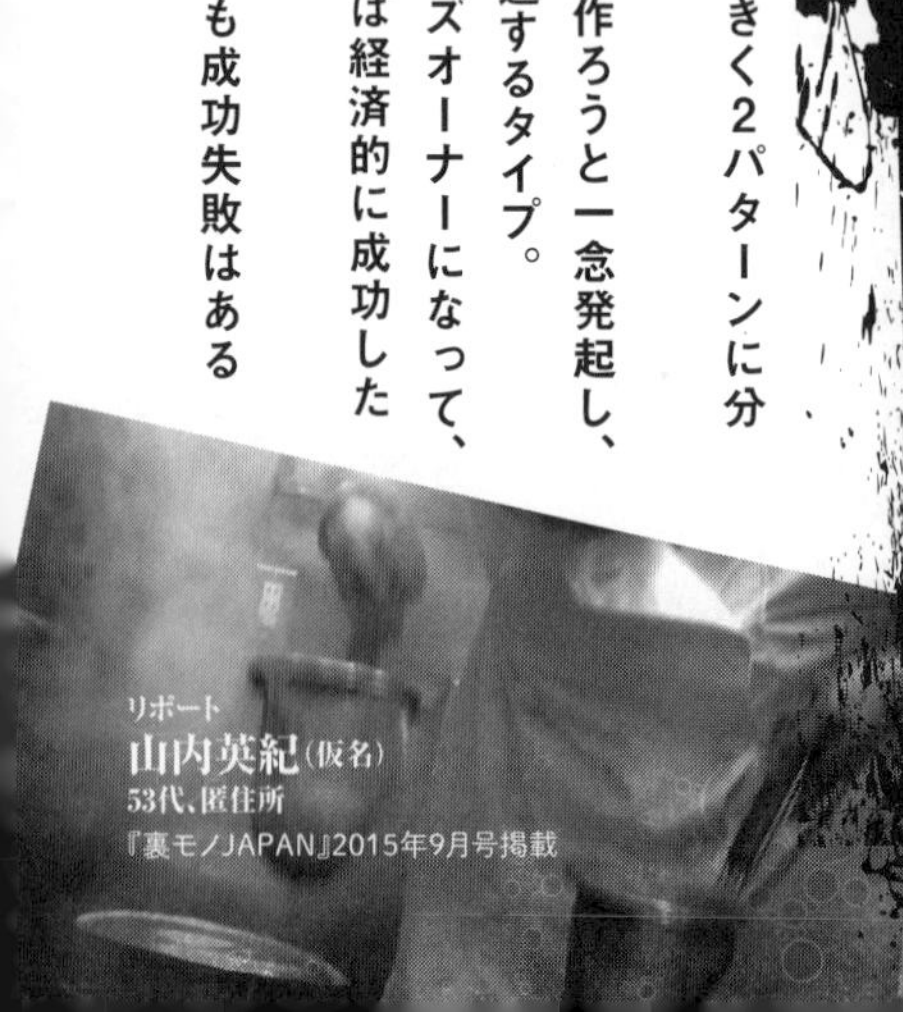

リポート
山内英紀（仮名）
53代、匿住所
『裏モノJAPAN』2015年9月号掲載

ドラマチックなのは前者だ。ラーメンに己を賭ける姿は、しばしばドキュメンタリー番組のテーマにもなっている。旨いラーメンを作り、お客さんに喜んでもらおうという姿勢も、共感を呼ぶところだろう。

本ルポでの主人公は、後者の失敗パターンを歩んでいる。そこにドラマは…。

サラリーマンとして一生を終えていいのか

3年前、50歳のいつだったか、ラーメンチェーン『K』に一杯のラーメンを食べに行ったことで、オレの人生は大きく転換した。

カウンターでぼんやりできあがりを待っていたとき、ふと、目の前の冊子に目がとまった。

『フランチャイズ（以下FC）オーナー募集』

なんだこれと手を伸ばす。そこには脱サラ組や、未経験からFCオーナーになった人たちの声が載っていた。

「飲食業界未経験でも繁盛店のオーナーになれます」

「50歳でFCオーナーに転職。成功をおさめています」

そのときオレは某企業の課長職に就いていた。給料は額面35万円（ボーナス入れて年収

520万)。地方在住のうえ、ずっと独身なので、普通の生活は送れていた。が、なにかモヤモヤした気持ちがあった。このままでいいのか。サラリーマンとして一生を終えていいのか。そんな漠然とした鬱屈を抱えていたのだ。

いつか自分で何か事業をやりたい。どうせなら一国一城の主になりたい。そんなオレの心に、『K』で成功を収めたオーナーたちの体験談は染み入るように頭に入ってきた。

そこそこ旨いラーメンを食べながら考えた。この味なら客が来ないなんてことはないだろう。現にいまも昼時をすぎているのに客席は半分ほど埋まっている。

しばらく後、『K』のFC説明会に参加した。そこで聞いた先輩オーナーの声がオレの背中を強く押した。

「ワタシは業界未経験ながら、FCオーナーとして成功をおさめました。いまでは3店舗のオーナーとして忙しい日々を過ごしています。挑戦して良かったです!」

最初の店を始めて3年ですでに複数展開しているとは!

それは旧オーナーさんの個人的な事情によるもので

いざ、自分の現在の条件でオーナーになることは可能なのか。詳細を聞くために、東京の『K』本部を訪れた。
　ビジネスライクに説明された内容は以下のとおりだ。

○オーナー登録費、店舗改装費、設備等、その他諸経費を合わせて初期投資に必要なのは１４００万円程度
○店舗は居抜き店（過去に『K』の別店舗として使われていた場所）を再利用する
○本部に払うロイヤリティ（手数料）は毎月、売上げの５％
○本部が試算したモデルロール（立地、周囲の環境等を考慮した収支の目標）によれば、２年弱で初期投資は回収できる
○本部で約２週間の研修の後、店をオープンさせる

　初期投資１４００万円。決して低くない額だが、ずっと独り者だったので、なんとか貯金でまかなえる。

　それよりも気になるのは、過去に『K』だった店を居抜きで使うという部分だ。いったん閉店したってことは、うまくいかなかったからじゃ

ないのか？

「ああ、それは旧オーナーさんの個人的な事情によるものなので大丈夫ですよ」

「お客さんが入らなかったとか、そういうことではないんですか？」

「うーん、そういうことは聞いてないですね。あくまで個人的な事情です」

信じていいのか？　『K』が閉店した場所に『K』がオープンする。そんなので客は来るのか？

が、もし一から新たな場所を探すならば、改装費などで初期投資はさらに５００万円ほどかかることになると説明され、この問題は納得することにした。

なお、店がオープンしてから、オーナーかつ店長となるオレがやる仕事は、従業員の採用・管理、経理関係、ラーメン作りぐらいで、新メニューの開発や販促などは本部任せ。フランチャイズならではの安心感だ。

本部の試算した『モデルロール』によれば、店の予想売上げは月５００万程度（休日なし）。経費やロイヤリティを差し引き、オレの手元に残る金額は80万円。悪くない。

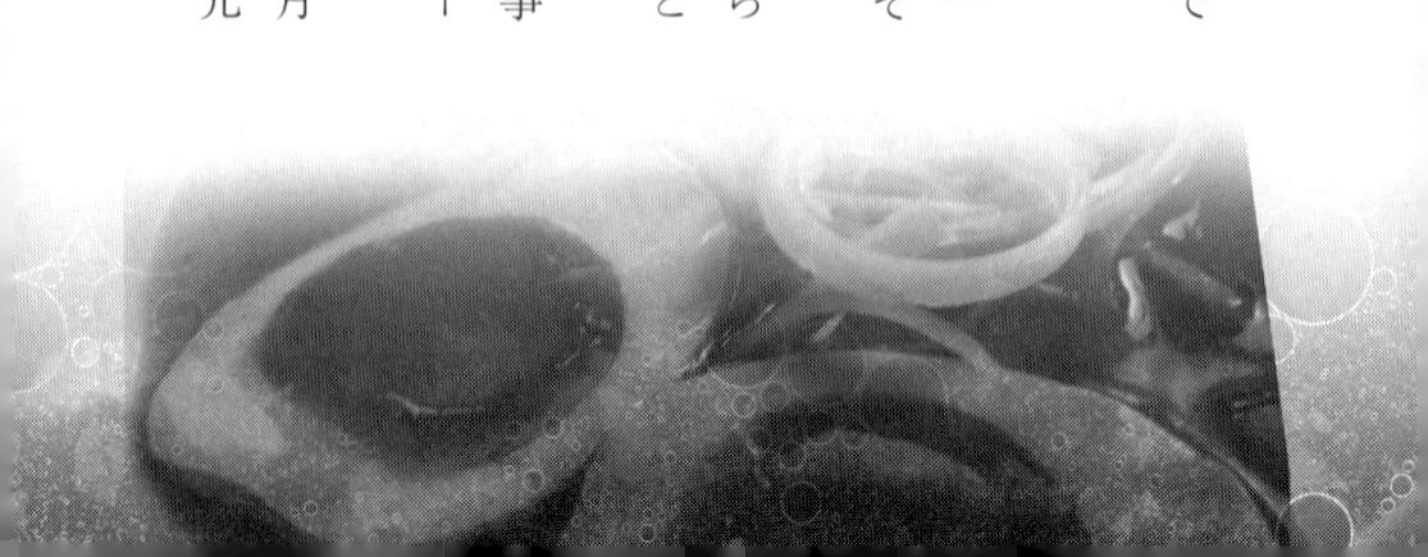

すでにオレの心は前を向いていた。いったん地元に戻ってあっさり会社を辞め、また上京して契約書にサイン。もう後には戻れない。

翌日、銀行へ。窓口で１４００万円を一括で振り込んでもらうときには、さすがに緊張した。『K』ならきっと上手くいくとは思うのだが、なんせ１４００万円だ。平静ではいられない。これで貯金残額は５００万円ほどになった。

店長か。いい響きだなぁ

その後2週間の研修期間で、声出しなどの接客マナー、ラーメン作りを教わるあいだに、求人誌にオレの店の従業員募集広告が出て、（本部が手配したもの）、いよいよ動き出したと実感がわいてきた。もうすぐオレのラーメン屋がオープンするのだ。

研修が終わり、改装が終わったばかりの自分の店に初めて足を運んだ。アルバイトの採用面接が入っているためだ。

国道沿いの我が城の外観はばっちりキマっていた。キレイな看板に陽が当たって煌々と輝いている。11台分の駐車場もちゃんと整備してある。

店内も清潔感にあふれている。カウンターが12席で４人がけテーブル席が４つ。『K』では標準サイズの店だ。

思わず想像してしまう。厨房にいるオレ。たくさんの客がラーメンをすする店内。登場人物全員が笑顔だ。

採用面接にはＳＶ《スーパーバイザー》（様々なアドバイスをしてくれる本部付きの社員）が同席した。彼とは、今後の店舗運営を共にやっていくこととなる。

ＳＶが場を仕切る。

「それでは店長、最初の面接が始まります」

店長か。いい響きだなぁ。

パート希望の１人が少し、コミュニケーションに難がある（ＳＶ曰く接客業に向いてない）とのことで、この日は４人のバイトが内定した。その後も面接を重ねて、計７名がオープニングスタッフとなった。

そこから数日は、オレとバイトたち、本部のスタッフ（オープンから１カ月は手伝ってくれる）とで、店舗調理のリハーサルを何度も行った。

調理自体は簡単だ。なにしろすべての食材が本部から送られてきて、それをマニュアル通りに作るだけなのだから。

スープは毎日送られてくるパック詰めの汁を大きな寸胴に入れ、常に火にかけておく。チャーシューやネギなどの薬味も届いたものを切り分けるだけ。

麺も同様に、毎日一定量が届くので、注文のたびに茹でるのみ。

その他サイドメニュー（デザートなど）はほぼ、皿に盛り付けるだけ。

メニューは多いけれど覚えてしまえば単純だ。

これがKのネームバリューなのか

いよいよオープン日がやってきた。開店の午前11時が近づき、店の外がザワザワしている。チラっとのぞいてみれば、すでに数人の行列が。

「それではラーメンＫ●●店、ただいまよりオープンです！　いらっしゃいませ!!」

音頭と共に客が店になだれこみ、従業員による注文の声が店内に響く。

「ラーメン１つ、チャーシューメン１つお願いします！」

「ラーメン２つ！」

活気付く厨房内。慌てふためくオレだが、本部スタッフのおかげでなんとか対応はできている。

すぐに満席になり、再び行列客ができた。これが『Ｋ』のネームバリュー

なのか。

怒濤の混雑は閉店の23時までほぼ途切れることなく続いた。クタクタのオレにＳＶが言う。

「山内さん、初日は大成功ですよ。売上げは20万を超えてます」

今日だけで２５０人以上のお客が入ったみたいだ。モデルロールでは月５００万の売上設定だったが、この調子なら月６００万を超えることになる。

「しばらくこのペースが続くと思うのでしっかり休んでください。このまま一気に地元に認知されるよう、一緒に頑張りましょうね」

「はい、よろしくお願いします！」

車で30分ほど走り、自宅に戻ったのは深夜2時だった。明日も11時オープンなので9時には店に着かなきゃな。

会社員時代に比べてこの自由さはどうだろう

以降も、開店日ほどではないものの順調な客

入りが続いた。

あっという間の1カ月が終わり、店の収支があらかた判明した。

●総売り上げ――480万円
●支出
原材料費（麺やスープ、具材等）――170万円
人件費――80万円
家賃、水道光熱費――90万円
ロイヤリティ――24万円
その他雑費（設備リース料等）――35万円
●純利益――81万円

ざっくり言えばこの81万円がオレの月給だ。が、丸々自由に使える「手取り」ではない。

オレの立場は『個人事業主』なので、税金や健康保険料などは個人で支払わなければならない。なにより1400万円の初期投資も回収しなけりゃなんないわけで、ムダ遣いは禁物だ。

それにしても、会社員時代に比べて、この自由さはどうだろう。

オレの店は朝11時から夜11時まで無休で営業しているため、そのすべてに出勤すればとても体がもちそうにないが、オレの場合は当初こそマメに店に顔を出したものの、しばらくしてからはバイトに任せるようにした。

朝は悠々自適に9時起床。店に電話を入れてトラブルがないか確認する。

ラーメン作りはバイトに任せ、オレはパチンコ屋に行ったり、喫茶店で時間をつぶす。そして夕方になったら店に顔を出し、厨房に入る。土日はすべてバイト君たちに任せ、競馬や競艇でちょこちょこ遊ぶ。会社員時代にはこんな自由時間などほとんどなかっただけに、まったくK様さまだ。

2カ月目、3カ月目も、客入りは相変わらず順調だった。平日170〜200人、祝休日は200人以上の客が入るのだから文句はない。

「ラーメン屋ってこういうものですよ」

開店して4カ月目に、店に入ってちょっとした異変に気づいた。

時刻は夕方6時。いつもなら満席に近いはずだが、なんだか空席が目立っている。

「なんか寂しくないか?」

「そうですか？　最近はだいたいこのぐらいですよ」

ちょっと客が減ったかな。その程度の認識でいたのだが、さらに1カ月、2カ月と経つにつれてそれが露骨になってきた。

夕食時なのに店内は半分ほどの埋まり具合。4人出勤してるバイトたちがヒマそうにしている光景が目立つ。

改めて帳簿を確認してみれば、やはり緩やかに客数は落ちていた。開店当初の7割ほどか。…もしや味が落ちたか？

バイトにラーメンを作らせて食べてみる。スープは…うん、いつもどおりだ。麺も。チャーシューもなんら変わらない。

「麺の茹で具合とかはちゃんとしてるんだよね？」

「もちろんですよー」

マニュアルどおり作ってるんだから味が変わるなんてことはないよな。

だがこのまま客が減ってくのはまずい。ＳＶに相談してみるか。

「こういう状況なんですけど、何かキャンペーンとかイベントとかをやったほうがいいかもしれないですよね」

「うーん。まずね、ラーメン屋ってこういうものですよ。やっぱりずっと

大入りってわけにはいかないですから。あとね、新メニューがまもなく発表されるでしょ？　あれで客数も増えるはずですよ」

まもなく新メニューの発売が控えている。この、頻繁に新メニューを打ち出すやり方こそが『Ｋ』のウリだ。それでまた持ち直してくれればいいんだが。

「何で客もすくねーのにラーメン出てくんのおせーんだよ！」

しかしそう上手くはいかなかった。定期的に行われる限定メニュー発売直後こそ客でごった返すものの、３日としないうちに大波は引いてしまい、元の客数に戻るのだ。

オープンから1年が経った。毎月の純利益はどんどん減っている。81万、70万、63万、57万…。

1年目、店の利益はトータル５０１万円だった。オレ個人の手取り年収は３６０万円ほど。退職前は４４０万はあったから、余裕で下回っている。

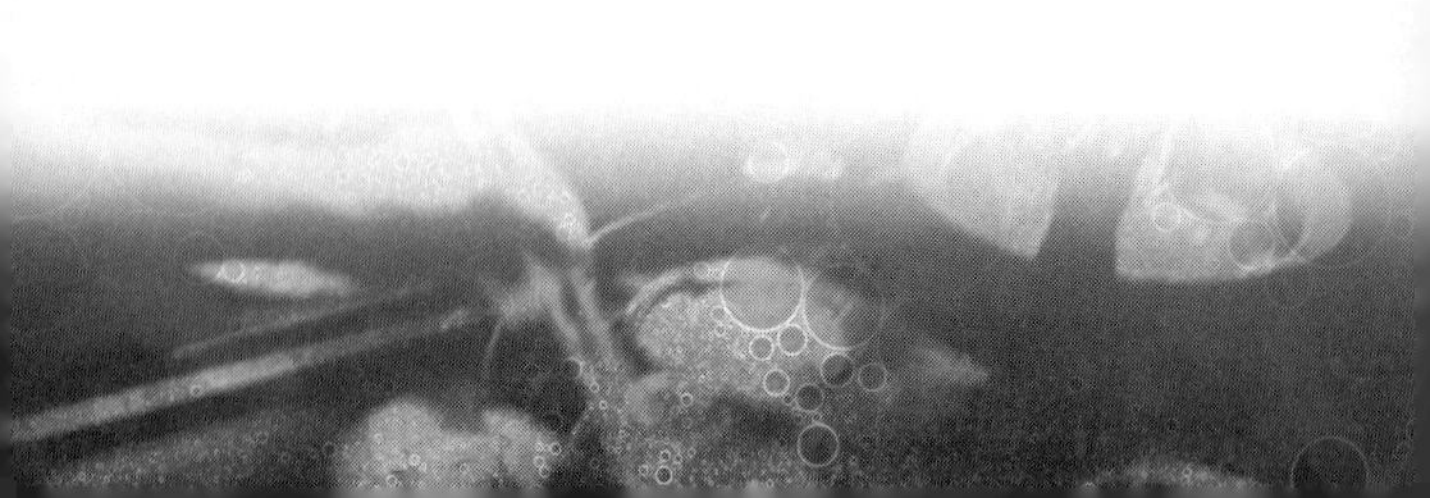

くそ、どうして…。

それでも店を続ける以外の選択肢はない。まずはムダな経費を減らすことから取り組むか。

従業員は現在10名いる。朝から晩までフルタイムで働けるのはそのうちの4人だけだ。ならば時間が限られるパートのおばちゃんたち3人に辞めてもらうか。オレが休憩を取らずに働けばなんとかなるだろうし。

次に考えたのは原材料費の削減だ。『K』では毎日、決まった量の食材が店に届けられる。だが客入りが良くなければ当然、ロス（ムダにしてしまう食材）が出るわけで、なんとももったいない。もうちょい仕入れを減らせないかな。

だがSVによれば、それはできないそうだ。

「もし食材の量を減らして営業中に足りなくなったらどうするんですか。そんなのは絶対ダメですよ」

あくまで毎日充分すぎる量を仕入れなければいけないそうだ。

つい、FCオーナーになったことを後悔してしまう。これがなんのしがらみもない個人ラーメン屋なら、仕入れの量は自身の判断で調整できるし、なんなら卵はココ、ネギはこっちなどと、そのときどきや経済情勢でより安いところから材料を仕入れられるのだから。ま、そんな力量などオレにはないだろうけども。

従業員を減らしたため、毎日朝から店に出て働きづめの日が続いた。

とある昼、全体の半分ほどしか埋まってない店内から怒号が響いた。

「おせーよ、何分待たせんだ！」

「どうなさいましたか？」

「おめーよ、何で客もすくねーのにラーメン出てくんのおせーんだよ！」

「すみませんでした。急いでやりますので……」

「そんなんだから客が減るんだよタコ！」

バイトの子のオーダーミスによるトラブルだが、彼女のせいだけには出来ない。何日も連勤させたことで集中力が低下したのだろう。

口座引き落としできず電気を止められた

月の利益は下降線をたどり、オレの収入は月25万円ほどで推移した。ここから税金などを払うことを考えると、やりくりは大変だ。

住んでいるワンルーム賃貸マンションの家賃は7万7千円。さらに光熱費や携帯代、食費などを差し引くと、手元には幾らも残らない。わずかに残っていた貯蓄もすぐ底をついた。

店を始めて2年が過ぎたある日、帰宅したときに衝撃が走った。玄関のカギを開けて電気のスイッチを押しても明かりがつかないのだ。え、なんで⁉

電気を止められていた。どうやら少し前から口座引き落としができず、督促の手紙が届いていたらしいが、そんなのを見過ごしてしまうほどオレは忙しく働いていたのだ。

なんせバイト従業員は5人にまで減らしている。土日と平日の夕方以外はほとんどオレとバイトの2人だけで店を回しているのが実情だ。

どうしてこうまで客足が減ったのか。近所に新しいラーメン屋ができたことも大きいだろうし、ファミレスやショッピングモールができたのも痛い。ショッピングモールのフードコートにはラーメン屋が2つも入っているらしいし。

ある日、東京の本部でオーナーミーティングがあり、そこでオレと同じように業界未経験でオーナーを始めた人と知り合った。ミーティングが終わり、どちらともなく誘って激安居酒屋に入る。

「あの、正直ウチの店ヤバイんですよ。最初の予定よりぜんぜん客入らないし。もうイヤっす」

ここぞとばかりにグチった。妻や彼女もいなければ、ましてや店にも本心を吐露できる人間はいない。SVは「とにかく頑張りましょう」と言うばかりで、なんら心が晴れないのだ。

彼も同じだったらしい。

「ウチも散々ですよ。ていうかあのモデルロールって適当でしょ。あんなの、店オープンした月の売上げがずーっと続いて、やっと到達できる計算ですもんね」

そうだ、そうだ。あんなの今となっては夢みたいな数字だよ。いまやウチの店は、1日100〜120人ぐらいしか客がこないし。

おまけにオーナーの家は電気を止められる始末だ。一国一城の主がこれでは客なんて来るわけがない。

彼の場合は初期投資を知人から借金して工面したそうで、オレよりも参っていた。

「辞めるのは簡単だけど辞めてどうするってんだよ。チクショー」

「なんでそんなパクリばっかやってんの?」

今年、オーナーになって3年目に入った。

自宅の電気やガスは相変わらず止まることがある。水道は2カ月ほど滞納しても止まらないので、その金を電気やガス代に回してやりくりしている情けなさだ。

ホンネで言えば従業員をあと最低3人は増やしたい。それも長時間入れる人間で。だけどウチの店にそんな体力は残ってない。結果としてオレは毎日、ほとんどの時間を店で過ごしている。

注文が入ればラーメンを作る。もうマニュアルなんてのは覚えてるので見る必要もないが、客がいないヒマな時間はそれをぼーっと眺めて過ごすこともある。

従業員たちもヒマそうだ。奥に引っ込んでスマホゲームをやってるヤツもいるけど、客がいないので注意する道理はない。

肉体だけでなく精神面でも限界が近づいている。

ある日、店頭に2人の男性客が立っていた。わずかでも客を逃したくないので、すかさず外に出て声をかける。

「良かったらお入りください！」

「……」

なんだ？　黙ってコッチを見ている。

「あのさ、なんでそんなパクリばっかやってんの？」

「…はい？」

「プライドねーのかよ。しかも本家より不味いし。プッ」

『K』のやってる限定メニューに対しての苦情だ。

ウチでは他の人気ラーメン店に似せたメニューを出すことがある。それを喜んで食べてくれる人も多いのだが、一部のラーメンマニアみたいな連中から文句を入れられることもしょっちゅうあるのだ。

特に発売直後は、店の電話が鳴りっぱなしで仕事にならないこともしばしばだ。

「パクんな、カス」

「ちゃんと自分らで考えてメニュー作れよ」

「死ねよパクリバカ」

罵詈雑言とはこのことだ。そんな言葉を投げつけられること自体苦しいのだが、電話応対により、せっかく来た客を待たせてしまうことほど心苦しいことはない。

★

『K』オーナーとして成功している人もいるわけだから、本部の責任にはできない。

悪いのは、客を呼べない自分なのだとは思う。でもいったい何をどうすればいいのだろう。

3年前に想像したラーメン屋オーナーの姿は、いまのオレにはわずかも残っていない。

真剣に店をたたむことを考えてはいるが、その後どうやって暮らしていけばいいのか、自分にいったい何ができるのかさっぱり見当がつかない。

惰性で続けていくことは間違いなく無理だろう。でも、次は何を？　そんなことばかり考える日々だ。

第二章　知られざる現場

犬ヲ殺ス仕事

リポート
矢口実(仮名)
30代、某県の動物愛護センター職員、西日本在住

※写真はすべてイメージです

『裏モノJAPAN』2013年9月号掲載

犬・15匹
猫・13匹
平均してこれだけの命を、私は日々奪っている。
職場の名称は、動物愛護センター。その皮肉な名を持つ仕事場で、私は、捨てられた犬猫を処分している。
一般の方は眉をひそめ、動物好きの方なら卒倒するかもしれない業務である。
しかし同様の処分施設が全国すべての自治体に設けられていることからも、

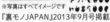

この仕事が〝必要〟なものであることは理解いただけるだろう。

ただ思う。その必要とは、誰にとっての必要なのだろう。

「体に死臭が染みついてとれないんだって」

公務員獣医師である私が、某県の動物愛護センター（以下、センター）へ勤務することになったのは、今から2年前のことだ。

公務員の世界では、数年おきの配置転換はままあることだが、それまで淡々と勤務していた食肉衛生検査所から、突如、センターに異動を命じられたときは、さすがに心穏やかではいられなかった。

（げげ、よりにもよってなんであんなとこに飛ばされなきゃいけないんだよ）

以前から悪い噂は耳に入っていた。

「動物を殺しすぎるから感情がなくなっちゃうらしいよ」

「体に死臭が染みついてとれないんだって」

「精神的にキツくて病気になるヤツもいるんだって」

げんなりな話だ。そんな恐ろしいところでやっていけるのだろうか。

異動当日、朝8時30分。はじめて訪れたセンターは、複数の建物が建ち並ぶ巨大な施設だった。耳を澄ませば、時々、かすかに犬の鳴き声は聞こえてくるものの、パッと見は何かの研究施設といった風情だ。いかにも動物を殺しまくっている、おどろおどろしいイメージは微塵もない。

やや緊張気味に事務室へ入ると、センター長以下、9人のスタッフが出迎えてくれた。

さっそく、小太りでいかにも柔和な顔つきのセンター長が、みんなに私を紹介する。

「こちら、今日からこのセンターで勤務することになった矢口くんです。獣医師である彼には、主任技師として頑張ってもらいます」

「矢口と申します。よろしくお願いします」

挨拶が済んだところで、さっそく業務開始だ。

全員がそれぞれ所定の位置につくなか、浅野と名乗る男（仮名、39歳）が近づいてきた。

私と同じ主任技師の肩書きを持つ獣医師らしい。

「矢口くん、そろそろ処分の時間だし、行こうか」

実際の仕事風景を見せながら、業務内容を説明してくれるようだ。

収容された犬猫は7日で処分される

センターには主に4つの建物（棟）があり、それぞれが通路で結ばれている。事務室や会議室、手術室などが入った「研究棟」、犬や猫を収容する「抑留棟」、子犬の世話などに用いる「飼育棟」、そして大きな焼却炉を備えた「処分棟」である。

私が連れて行かれたのは、抑留棟だ。

手渡された作業着と長靴を身につけて中へ入ると、いきなり凄まじい犬の鳴き声が耳を襲った。

見れば、横一列に並んだ5つの大きな檻に、それぞれ犬が10数頭ずつ入っている。それらが一斉に吠えたてているのだ。

ギャンギャン！

キャイーン、キャイーン！

どの犬も、ちょっと鳴き方が尋常じゃない。まさに死にものぐるいというか。

浅野さんが目を伏せて苦笑する。

「コイツら、なぜかもうすぐ殺されることがわかってるんだよね」

5つの檻にはそれぞれNo.1～No.5の数字が振り分けられている。浅野さんが男性スタッフを2人伴って、No.5の檻に入っていった。私は外から様子見だ。

浅野さんが振り返る。

「殺処分するのは毎回5番の檻の犬だから覚えておいてね」

そう言われて、思わず5番の檻をのぞき込む。雑種に混じって、トイプードルにテリアなど人気のブランド犬も結構いるぞ。なんでこんなのまでが？　飼い主が飽きて捨てたのだろうか。

浅野さんによれば、犬がセンターに収容されるパターンは3つあるらしい。

①保護

町中をうろついていたり、ケガをして倒れている犬を、住民の通報などでセンターのスタッフがピックアップする。また保健所に連絡が行けば、そこの職員が保護しにいくが、その場合も最終的にはセンターに届けられる。

②捕獲

人を噛む、畑を荒らすといったタチの悪い野良犬を捕まえる。

③引き取り

飼い主が直接、センターに殺処分を依頼しにくる。

①②のパターンで収容された犬は、首輪の有無にかかわらず、所有者不明犬として7日間、抑留する決まりだ。

初日に捕獲犬が入れられるのは、No.1の檻。そして2日目はNo.2に、3日目はNo.3といった具合に檻の数字が順に大きくなり、最後にNo.5へ行きつく。

ここに至るまで、センターの休館日である土日を挟むため、合計の抑留期間はちょうど7日になる。それまでに飼い主が引き取りに現れなければ（抑留犬情報はHPにアップしている）、翌日、狂犬病予防法にもとづいた殺処分が待っているわけだ。

③の犬は飼い主が処分を希望している以上、収容しておく理由はないので即日No.5に入れられ、やはり翌日に処分となる。

ちなみに猫については、狂犬病予防法の適用外なのでセンターには捕獲の義務がない。従って、ここに送られてくる猫は①と③のパターンとなる。

モニターからシューっとガスの注入音が

「んじゃいくよ」

浅野さんの合図で、男性スタッフ2人が慣れた動きでそれぞれの定位置についた。No.5の檻から犬をガス室へ送り込むらしい。

その方法はかなり強引かつ手荒なものだ。まず檻の奥にあるシャッターから専用の廊下へ犬を追いやり、続いてその廊下と同じ幅の大きな鉄板を機械で動かして、ガス室の入口に押し込むのだ。注射器の液体をポンプで外に押し出す様といえば、想像できるだろうか。あれと同じだ。

はじめは吠えたり飛びはねたりして、迫り来る鉄板に抵抗を

試みていた犬たちも、敵わないと悟るや、急にしょげたように自らガス室の中へぞろぞろと入っていく。

「よし、これでドリームボックスは準備完了だ」

少しホッとした様子の浅野さんに私が尋ねる。

「ドリームボックス?」

「ガス室のことだよ。犬が苦しまずラクに死ねるようそう呼ぶんだってさ。センスないよね」

夢の箱。なんと悪趣味な名前だろう。

浅野さんがガス室の側にある部屋に入った。私も後に続く。

ここはガス注入のオペレーションルームで、壁に取り付けられたモニターには、ガス室内の様子が映し出されている。どの犬もクーンと甲高い声を上げて落ち着きをなくしているのは、恐怖の絶頂にいるためか。

浅野さんが操作盤の中にある赤ボタンを指さした。

「これ、ガスの注入ボタンなんだけど、押してみな

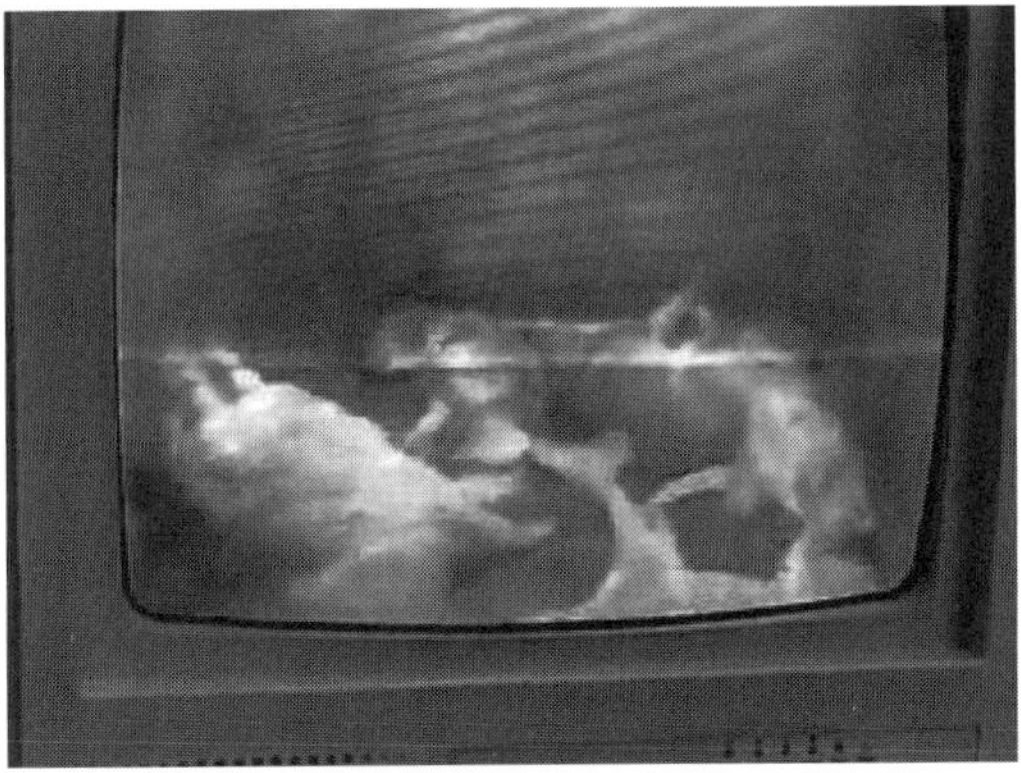

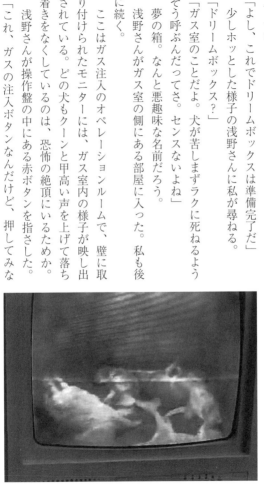

い？」

「え…」

「遅かれ早かれ経験するんだし」

一瞬のためらいの後、ボタンにかけた指にグッと力をいれる。途端にモニターからシューっとガスの注入音が聞こえた。

数分後、それまで激しく動き回っていた犬が1匹、また1匹と倒れはじめた。鳴き声はもう聞こえない。

ガスの注入時間は規定で20分と定められているらしいが、5分も過ぎたころにはすでに半数以上が、口を半開きにして動かなくなった。しかし中には生命力の強いやつもいて、まだ何とか立ち上がろうと空中で足をもがいている。

（もうやめてくれ！　早くラクになって！）

最後の1匹がようやく動きを止めたとき、私は心の底から安堵した。

その後、猫の殺処分でもガス注入ボタンを押し、午後からは焼き上がった骨の処理や細々とした雑務をこなし、午後5時過ぎに仕事は終了した。

家に帰るや否や、ベッドに倒れ込む。あまりのショックに夕飯を食う気にもならない。

「泣くらいなら飼ってやればよかったんだ!」

ある程度の覚悟はしていたものの、まさかこれほど強烈な職場だとは。目をつむっても、ガス室から出てきた犬猫の亡きがらが脳裏にこびりついて離れない。学部の解剖実習で見たどんな動物の死がいよりも生々しく、胸をえぐってくるのだ。だってあの犬も猫も、自分がこの手で殺したのだから。

翌日、浅野さんにポロリと本音をもらした。

「自分、この仕事向いてないかもしれません」

「ははは、みんな最初はそうだって。そのうち慣れるよ。大丈夫」

が、それから1週間、1カ月と時間が過ぎても、罪なき命を大量死させる業務に馴染むことはなかった。

それでも朝が来て、センターへ向かえば、イヤでもその時はまたやって来る。

炭酸ガスのボタンを押し、死体を焼却炉に入れ、骨をかき出す。そしてまた明日も明後日も、同じことを繰り返すのだ。こ

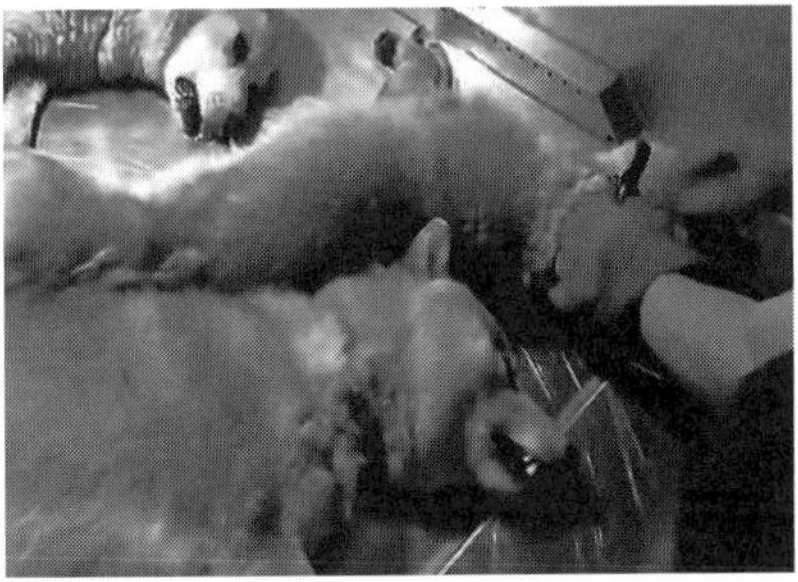

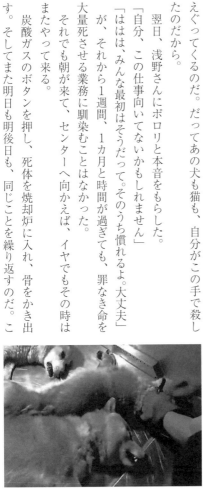

んな因業な仕事が他にあるだろうか。

その日の朝もまた、陰鬱な気分で出勤したところ、ふとセンターの入口付近に、段ボール箱がひとつ、ぽつねんと置いてあるのが目に留まった。これってもしかして…。

案の定だった。箱の中で成犬のチワワが1匹、不安そうにクンクン鼻を鳴らしている。そう、捨て犬だ。

センターの敷地内には犬猫が捨てられていることがよくある。私がここへ異動になってからだけでもう3回。浅野さんによれば、ここ2年で20回はあるらしいからかなりの頻度だ。

捨て主は、きっとセンターの人間が拾ってくれたら、大事に飼育してくれるとでも思ったのだろうが、トンでもない誤解だ。

こういうケースは「保護」に該当し、他の収容犬同様、1週間抑留した後に処分しなくてはならないのだ。また一つ、健康な命を殺さなきゃならないなんて。

それにしても、なんだかこのチワワ、元気がないな。病

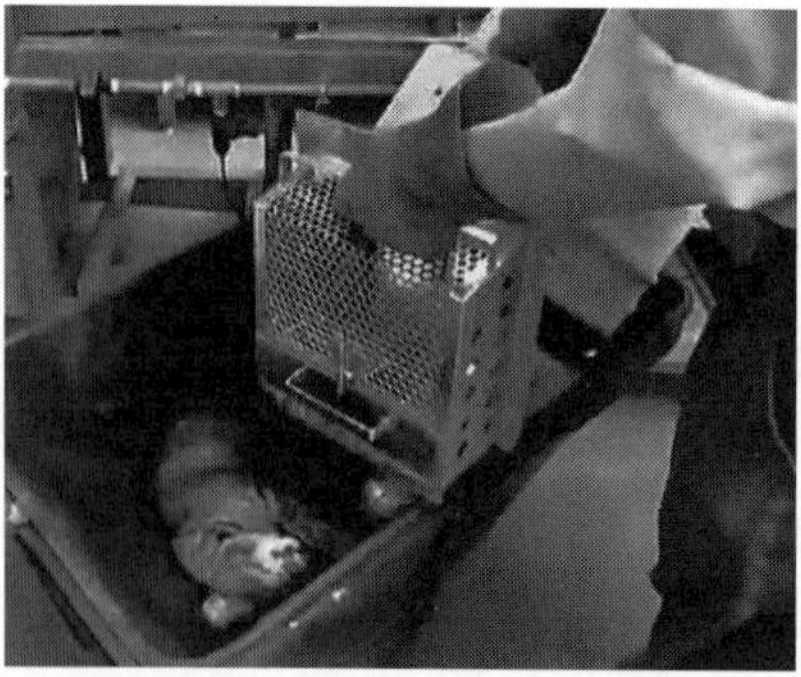

気か？　下痢してるし。

　センターに持って帰って診察してみたところ、幸いただの食あたりだった。だが症状がなかなか重く、結局3日間つきっきりで看病するハメになった。

　おかげで5日目には完全に元気を取りもどしたものの、喜んではいられない。あと3日でこのチワワはガス室に送られるのだから。

　ごく短い時間とはいえ、本来の獣医の立場でこの犬と接してしまった以上、情がわかないハズがなかった。しかし私自身、規律を重んじる公務員社会の一員である以上、この犬だけ特別扱いすることは許されない。

　殺処分の日、チワワの死がいに目を真っ赤にさせていると、普段温厚そのものなセンター長が烈火のごとく怒りだした。

「泣くくらいなら自分で引き取って飼ってやればよかったんだ！」

「自宅がペット不可なので…」

「結局その程度の情なんだよ。オマエ

くらいのこと、ここのみんなはイヤってほど経験しているんだ。いちいち感傷的になるな！」

反論の余地もない正論に、うなだれるしかなかったが、この一件は私の気持ちに多少の変化をもたらした。この職場にいる以上、幼稚なセンチメンタリズムは百害あって一理なし。もっと強くならねば。

昔は木製バットで頭をカチ割っていたんだよ

気がつけばセンターに着任して半年が過ぎようとしていた。自分がボタンを押すことで死んでゆく犬や猫に対して、相変わらず罪悪感は覚えるものの、その一方で、いつのまにか淡々と作業をこなしている自分もいる。

獣医として、人として、生き物の命を無感情に奪うようになっては終わりだが、やはり日々同じことを繰り返していると、感覚が麻痺して

しまうのは、避けられないのかもしれない。

それを強く実感したのは、ある夏の暑い日、No.5の檻からガス室へ通じる廊下へ犬たちを追いやっていたときのことだ。

他の犬がすんなりと廊下へ出てしまったのに、なかなか檻から出ようとしない1匹の柴犬がいた。いくら身振り手振りで威嚇しても、床に座り込んだまま頑として動かないのだ。

人間に反抗しているというよりは、恐怖で体がすくんで動けなかったのだろうが、作業がスムーズに進まずイライラしていた私はそばにあった鉄パイプを握り、柴犬の体を突きだした。

「ほら、そこに入りなよ。入れってば！」

が、犬はそれでも動こうとしない。おどおどした表情で目をぱちくりさせるだけだ。

こうなったら強引にやるしかない。私は鉄パイプの先端で力任せに尻や尻尾を殴った。その際、皮膚を少し切ったのだろう。尻のあたりが少し血で赤く滲んだが、それでも私は、犬が廊下に出るまで執拗に殴打を続けた。

怖いのは、犬が出血しているのを知りながら、そのとき私がこう思っていたことだ。

（どうせもうすぐ死ぬんだし、少しくらいケガをさせてもどうっちゅうことない）

しばらくしてその事実を思い出し、少し背筋が寒くなった。無責任な飼い主のせいで、これから死んでいこうとする哀れな犬に、なんてヒドイことをしたんだ。

何かの折、そんな出来事があったとセンター長に話したとき、彼は一度大笑いしたあと急に真面目な顔になってこんな話をした。

「矢口くん、そんなことで悩めるなんて幸せだよ」

「どういうことです？」

「僕がまだ若いころ、保健所の職員だったとき、どうやって犬を処分していたと思う？」

センター長はいったん間を置き、こう続けた。

「木製バットで1匹ずつ頭をカチ割っていたんだよ。あの頃はどこでもそれが普通のやり方で、ホントにツライ思いをしたんだ。君の悩みなんて僕から言わせたら鼻くそみたいなもんだね」

「この首輪、燃やされなくてよかったぁ」

人間、何事も慣れとはよくいったもので、1年もすると、センターの業務に対する疑問や不満はほとんどなくなっていた。

ただ一点、どうしても理解できないことがあった。センターにペットの処分を頼みに来る飼い主たちの心理だ。止むに止まれぬ理由ならまだ納得できるが、中には気が触れているんじゃないかと思わざるを得ない連中も少なくないのだ。

ある日の夕方近く、センターに若い女から電話があった。

「すいません、今日の午前中、コリー犬をそちらで引き取ってもらったんですけど、もう処分ってされました?」

対応したのは私だ。

「いえ、大丈夫です。処分予定は明日の朝なので。連れ戻されるなら明日の昼に来てください」

いったんは処分を決心しても、やはり愛犬のことが忘れられないんだなと、この時点では思っていた。

ところが翌日、彼女はコリーを見るなり駆け寄っていき、犬の首輪をサッとはずした後、リードを私に突き返したのである。

「この首輪、フランスで買ったアンティークだからすごく高かったんです。燃やされなくてよかったぁ」

「は? このワンちゃんどうするんです?」

「あ、もう大丈夫です。処分しておいてください」

腹が立つどうこうよりも、薄情な主人に二度も捨てられたこの犬が不憫でならなかった。

一番こたえるのは、生まれたばかりの子犬や子猫を大量に持ち込まれることだ。

「うちの猫、外で種つけられちゃって。こんなに飼えないし、引き取ってもらえないかしら？」

中年女性の差し出したスーパーの袋に入っていたのは、まだ目もロクに開かないような、生まれたての子猫4匹だ。

「なんで避妊手術しないんですか。子猫には何の罪もないですよ」

「だって私、裕福じゃないんだから、そんなことにお金かけられないのよ。お願いします、ね？」

こちら側は受け取りを拒否できないので、仕方なく保護したが、あきれ果てたことにこの女性、その後も3回、センターに訪ねてきたのだ。まったく同様の件で。

結局、こういう人たちは想像力が足りないのだろう。センターに連れて行けば、処分されるのはわかっていても、犬や猫がそこでどういう扱いを受け、いかほどの恐怖を味わいながら死んでいくのか、何も考えていないのだ。

非常にありきたりな言葉になってしまうが、動物を飼うなら、最後まで責任を持つことが最低の条件だ。これ以上、無駄な命を失わせないためにも。

★

この仕事をはじめてから、奇妙な現象が起きている。町ですれ違う犬が、歯をむき出して私を威嚇するようになったのだ。まるで何もかもを知っているかのように。

最後に、冒頭の問いに戻る。

犬猫の処理とは、いったい誰にとって必要な作業なのだろうか。

糞尿にまみれ子供にからかわれて12年

バキュームカー作業員というお仕事

リポート
山際清之助（仮名）
50代、東日本在住

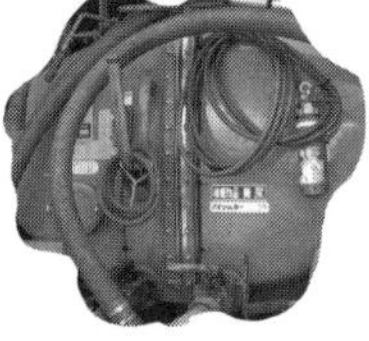

地方の方なら、バキュームカーの走る姿を今でも見かけることだろう。これに乗って各家庭や公共施設を回り、汲み取り式便所にたまった糞尿を回収するのがバキューム清掃員だ。

正直なところ、彼らに対していい印象を抱いている方は少ないと思う。臭い、汚い、キツイ。まさに３Kの極みと言っていいオシゴトだ。

しかし、みなさんはどれほど彼らのことを知っているだろう。採用条件、給料、具体的な作業ま

『裏モノJAPAN』2009年12月号掲載

で。答えられる人はほとんどいないはずだ。

知らずに偏見を持つのはよろしくない。そこで、キャリア12年になる現役バキューム清掃員の私が、究極のきっついお仕事の中身をあますところなく紹介するとしよう。

ウンコの汲み取りは手取り年収460万!

平成9年。東日本の片田舎にある温泉旅館に住み込みで働いていた私は、より良い条件の転職先を探すべく、地元のハローワークを訪れた。

実を言うと、当時の私は競輪で3千万円もの借金をこさえた挙げ句、一家で逃亡生活中だった。居所が借金取りにバレぬよう、この土地に住民票を移すこともできないまま日々

を送っていたのだ。

妻は、小学生2人と幼稚園児1人の面倒にかかりきりで、パートにも出られない有様。温泉旅館の給料では到底やっていけない。

事情を聞いた窓口の職員が、一枚の求人票を差し出した。

『清掃員　××社』

清掃員ということは、ビルなどを掃除するアレ？いやもしかして、ゴミ収集車に乗るのか…。

いずれも違った。この仕事はバキューム清掃員、つまりウンコ小便を汲み取る作業だというのだ。って、キツイにもほどがあるではないか！

「こうした仕事は若い人があまりやりたがらないので、先方さんはむしろ山際さんのような中高年の方を望んでいるんですよ」

聞けば、月給が手取り30万円弱で、ボーナスも年2回50万ずつ。手取りの年収が約

マンホールが2つあるのは浄化槽

460万ってことは、いまの収入のおよそ2倍だ。

終業時間は8時~夕方5時までで、土日祝は完全に休み。特別な資格や技術はいらず、福利厚生もしっかりしているとのこと。さらに住民票は不要とくれば、私にとってはまたとない条件なのだが。

「先方さんは人手不足なのですぐにでも面接に来てほしいと言ってます。どうなさいますか?」

「少し考えさせてください…」

職業に貴賤ナシとはいうものの、私もまた心のどこかでこの仕事に対する偏見を持っていた。毎日ウンコの汲み取りだなんて…。

ともかく家族会議を開くと、

「ウンコの仕事なんてヤダ!」

「私もイヤ!」

「やめてよ、お父さん」

案の定、3人の子供たちは猛反対した。だよ

な。こいつらにも世間体ってのがあるんだろう。

ところが妻が言うのである。

「やればいいじゃない。カッコつけて仕事を選んでる場合じゃないんだし」

「…いいのか？　俺がバキュームの仕事をしてもいいのか？」

「そもそもアンタの借金のおかげで、家族がこんな目に遭ってるんだからね。とにかくお金よ。あなた面接に行ってきて！」

恐らく妻も心の底から賛成したわけではなかろうが、食っていくためにはやむを得ないと考えたに違いない。現実を見据えた正論だった。

その週に先方の事務所を訪れ、60代でガタイのいい社長の面接を受けると、あっさり採用が決定した。

ガレージを開けるとほんのりあの匂いが

朝7時30分、初出勤したオフィスは3階建ての小さなペンシルビルだった。1階が駐車場、2階がオフィスと専用のシャワールームで、3階が社長の自宅だ。

2階のオフィスは広さ20平米ほどの小さな部屋だった。意外にも臭いはない。

手前のデスクには若い女性の事務員が2人。左側には作業着姿の9人のバキューム清掃員が待機していた。全員40代以上と思しき中年男性である。私を含めた13人が全社員だ。

「じゃこれに着替えて」

渡されたのは2枚の作業着とゴム手袋である。作業着が2枚あるのは、片方を着用してる間に、もう片方を洗濯し、交互に着回すためだ。

裏の更衣室でフル装備に着替え、皆に紹介された。

「今日から入った山際君だ。みんな仲良くやってくれ」

「よろしくお願いします」

挨拶を済ませるや、社長から田中なる男性を紹介された。私より5歳年下ながら、この道10年のベテランとのことだ。1カ月間は、彼とペアを組んで仕事を覚えるらしい。早い話が見習い期間である。

「じゃあ行きましょうか」

「はい！」

事務所を出て、裏手のガレージへ。シャッターを開けるや、6台のバキュームカーが停まっていた。

4トン車3台、3トン車2台、2トン車1台。タンクがモロに見えるのはよろしくないとかで、トラックの奥に隠されている。そして周囲にはほんのりあの臭いが。くせー。

「今日は7軒ほど回るんです。3トン車で行きましょう」

田中の後につづき、3トン車に乗り込んだ。中は普通の軽トラックと大して変わらない。でも、車内はぜんぜん臭いがしないな。ていうか、なんだこのミントの香りは…。見ればガラス窓の前には、2つも芳香剤が置かれていた。

ホースの突っ込み方にもコツがある

まもなく平屋の古びた家に辿り着いた。家主の老婆に挨拶をし、裏手に回ると、庭の片隅に大小2つのマンホールがあった。大きい方が直径50センチ程度で、小が直径30センチ程度だ。

「ひとくちに汲み取り式便所といっても2種類あるんです。1つが浄化槽タイプ、もう1つはボットン便所。これは浄化槽ですね」

浄化槽というのは、糞尿だけでなく、風呂や洗面などありとあらゆる家庭用の排水が溜まっているところだ。

排水は2つの槽に分かれて溜められる。1槽にまず汚物を沈殿させ、ある程度キレイになった汚水が2槽に流れ、さらにバクテリアで分解して下水道に流れていく仕組みだ。マンホールが2つあるのはそういう理由である。

「浄化槽は1年に1回くらい汲み取るんです。発酵してるからあまり臭いませんよ」

「でも、どうしてこの家は水洗トイレにしないんですか？　この街の大半は水洗なのに」

「家庭用の排水を全部イジらないといけないんで、費用が200万くらいかかるんです。お金のない人には厳しいんですよ」

田中が鍵のような棒を使って、2つのフタを開けた。小さい方（2槽）にはブクブクと泡だった茶色の液体が見え、大の方（1槽）はスカムと呼ばれる黒い汚物が溜まっていた。ウンコの塊らしい。

1槽は円形の筒状になっていて、深さは1メートル以上もあるらしい。その上部までウンコがあるとは、凄まじい量である。恐る恐る近づくと…。

クセー！　大したことないなんて大嘘じゃないか！　しかもその上をウジ虫がはい回ってるし。気色ワル〜。

「とりあえず私がやりますんで、後についていて見ていてください」

田中がバキュームカーに戻り、直径7〜8センチほどの蛇腹のホースを手で持ち、車外の「吸引」レバーを倒した。途端、先端がゴーっと空気を吸い込み始めた。

そのままホースを庭まで引っ張り（最大で40メートルまで伸びる）、1槽に突っ込む。ズルズルと音を立ててスカムが吸い出される。

「円の中央に突っ込むと、溶けきってないトイレットペーパーなんかが詰まることがあるんで、端から吸うんです。深さは約30センチですね」

こんなことにもコツがあるものなのだ。上が便所紙などが溶けたもので、下が糞の塊、その間の30センチのあたりが水分の層になっている。この水の部分にホースを突っ込むことで、紙詰まりを防ぐのだ。

30分かけて、約1・2トンの糞尿を吸い上げた後、今度は2槽の泡水を同じ要領でくみ上げる。同時に、家庭用ホースで両者の壁面を洗い流すことも忘れてはならない。

最後は、2つの槽にキレイな水を張って、作業終了。知らず知らずにしぶいていたのだろう、作業着のあちこちに汚泥の飛沫が跡を作っていた。

ボットン便所の底は、富士山のようなてんこ盛り

その後、もう1軒の浄化槽を汲み取ると、バキュームカーのタンクはパンパンになった。私たちはひとまず市の運営する「プラント」へ〝排出〟に向かった。

プラントは山の中腹にある工場のようなところだった。界隈すべての清掃業者が利用するので、あっちこっちにバキュームカーが出入りしている。

プラント内はコンクリートでできた薄暗い体育館のようなところだった。地面には鉄のタンクがあり、どこからともなく聞こえるゴーっという音が異様な雰囲気を醸し出している。もちろん辺りは人糞の臭いだ。

「じゃあ、捨てましょう」

田中は黒い排出ホース（吸い取りのものとは別）をタンクへと接続した。糸電話のように、バキュームカーとプラントのタンクが一本のホースで繋がれた格好だ。

続けて、「排出」のレバーを倒すと、

『ドドドドド』

なるほど。こうして捨てるのか。これなら清潔だな。

「あとはプラントの方で処理してくれますから。じゃあ、ひとまず会社にもどりましょう」

午後12時、会社に戻り、昼食タイムとなった。しかし糞尿の空気が胸に詰まった気がして、

せっかくの妻の手製弁当ながら、まったく食欲がわかない。結局、一口もたべられないまま再び仕事に戻った。

午後から各家庭を回ること4軒、最後の現場で初めてボットン便所に遭遇した。

「ボットンは2カ月に1回程度のペースで汲み取るんです。ちょっとシンドイかもしれないけど、がんばりましょう」

マンホールを空けると、ボットン便所の底は、ちょうど浴槽のような長方形になっていた。上からウンコが積もっていくので、真ん中が富士山のように山盛りだ。

にしても、臭いことと臭いこと。なにせ分解などされてない生のままのウンコと小便なのだ。浄化槽の比ではない、阿鼻叫喚の地獄である。空気を吸っただけでえずきそうになるくらいだ。

「イキますよ〜」

まずは家庭用のホースで水を噴射し、中央のウンコと便所紙の山を砕いていく。こうしないと紙詰まりを起こすからだ。

あとは浄化槽同様、ホースを突っ込み、吸い込んでいくだけだが、そのしぶくことしぶくこと。挙げ句、中で大量発生したハエや蚊が襲ってくるから堪らない。勘弁してくれ！

「パパこっちこないで！」「ソッチ行って！」

30分ほどでボットン便所の任務を完了して、会社に戻った。本日の勤務は終了だ。

従業員用のシャワーで体を隅々まで洗い、汚れた作業着をビニール袋に厳重に突っ込む（洗濯は自宅で各自行う）。私服に着替えて、マイカーで帰宅だ。

念のため、体の匂いをくんくんと嗅ぐ。大丈夫だ。臭くない。安心して、「ただいま～」と玄関を開けた途端、中から妻が鬼のような形相で飛び出してきた。

「あなた、こっちにこないで！　まず着替えて、すぐシャワー浴びて！」

なんて物言いだ。一家のために働いてきた私を汚いもの扱いするなんて。

「ダメダメ。臭いからこっちに近づかないで！　ほら、さっさと風呂に入って。早く早く！」

仕方なく風呂に入ることにし、ビニール袋を手渡す。

「何コレ？」

「作業着。明日までに洗っておいてくれよ」

「いや～！」

妻は絶叫しながら、ビニール袋を放り投げた。

さらに風呂からあがると、子供たちまでもがササっと私の前から散るように逃げた。

「パパこっちこないで！」

「ソッチ行って！」

お前たちもか…。お父さん、そんなに臭いか？

私は二女を引き寄せた。

「臭いか？　嗅いでみろ」

恐る恐る二女が私の体に鼻を近づけ、クンクン匂いを嗅ぐ。ど、どうだ？

「…大丈夫みたい」

「本当か？　本当に本当か？」

「うん！」

よかった。少なくとも、きちんと体を洗えば、臭わないのだ。安心安心———。

ところがこれ、ちょっと甘かった。初日は晴れたからよかったのだが、作業は雨の日もある。湿度で蒸れるぶん、服や髪の毛に臭いが染みつくのである。会社の事務のコが顔をしかめるくらいだ。

以来、私は自分の匂いに必要以上に過敏になった。ひっきりなしに手を洗い、体にはオーデコロンを振りかけ、車にも着替え一式を

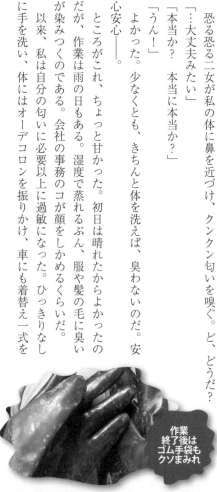

常備。とにかく清潔を心がけた。

　そのおかげかどうか、やがて我が家では私を除け者にしなくなった。妻が悔い改めて子供を教育したのかもしれないが。

誰もが経験する糞尿のシャワー

　1カ月後。見習い期間が終わり、私も独り立ちする日がやってきた。といっても、この仕事は作業効率上、常に2人ペアで動く決まりである。

　新たな相棒・安川さんと現場を回りだすと、ほどなくトラブルが起きた。ボットン便所の汲み取り中、トイレットペーパーの塊がホースの先端に詰まったのだ。

「自分が取ります」

　試用期間が終わった以上、キツイ仕事を先輩に押しつけるワケにはいかない。自ら率先してやらなくては。

　バキュームに空気を吸わせたまま、ホースを脇に抱え、ゴム手袋を嵌めた手を中に突っ込む。詰まった紙を取るのではなく、中に押し込むのだ。

『ビチャビチャビチャ』

　空気圧でブルブルと震えるホースの先から、糞尿のしぶきがあっちこっちに飛び跳ねる。

目も開けていられない勢いだ。

それでもめげずに押し込むと、『スポーン』という音と共に、詰まった塊がタンクに吸い込まれていった。全身クソ小便まみれだが、これにて一件落着だ。

それから3日後、今度は大失敗をやらかした。糞尿をパンパンに積んでプラントに行ったとき、排出ホースとタンクを接続する留め金をかけ忘れたのだ。

「オーケーでーす」

そうとも知らない私は、相方に「排出」するよう指示した。と、その瞬間、ホースが暴れ馬のようにのたうちまわり、クソ小便が前後左右上下に噴き出したのだ。

「うぁぁー！」

絶叫とともに、頭上から糞尿のシャワーが振ってくる。その臭さ、気持ち悪さといったら。地獄絵図という表現がぴったりだ。

慌ててホースを繋ごうとするも、空気圧の勢いで、近寄ることもままならない。結局、タンクが空になるまで糞尿をまき散らすことになった。

「バカヤロー、何やってんだ！」

「すいませんでした！」

クソまみれのままではさすがに仕事にならぬ。ひとまず会社に戻ると、社長が言った。

「まあ、そうしょげんな」

これはよくあるミスで、会社の人間はみな経験することらしい。

ところでクソまみれついでに、余談をしておこう。古くから都市伝説として、バキュームカーのタンクに潜り込んで清掃するバイトがいい金になると噂されているが、そんな仕事は存在しない。

清掃は2カ月に1度、タンク上部の穴から高圧ホースでこそぎ落とすだけだ。バイト情報を探しても無駄ですよ。

「ばーか、ばーか うんこおじさんのバーカ」

かつての私自身がそうであったように、この仕事に偏見を持つ人は少なくない。

ある家でボットン便所の汲み取り作業中、会社のポケベルが鳴ったことがあった（当時はまだ携帯が普及してなかった）。近くに公衆電話を探したものの、どこにも見あたらない。

そこで、やむなく家主の中年女性に「電話を貸して欲しい」と頼んだところ、露骨に嫌な顔をされた挙げ句、イヤだと断られてしまった。

「人に自分の電話を触られるのはイヤなんですよ。貸す貸さないはこっちの勝手でしょ」

「緊急の用事かもしれないんです。電話代ならお支払いしますし、なんとかお願いできませんか？」

「イヤなものはイヤなの！」

電気屋でも水道屋でも、作業中の家の人間からこんな仕打ちを受けた者はいないだろう。

一番こたえるのは見ず知らずの子供たちにからかわれることだ。

「あ〜ウンコおじさんだ！」

「ホントだ〜、ウンコウンコ！」

小学校の汲み取り作業中には、決まって小さな子供が集まってきて、きゃっきゃとはやしたてる。

悪気がないのはわかってるが、自分にも年の近い子供がいるだけに、どうしてもムシできない。あるとき私はつい本気になって怒鳴ってしまった。

「ウンコおじさんじゃないだろ！　お前らどこのクラスの子供だ！　先生に言いつけるぞ！」

「ウンコおじさんが怒った〜！」

「ばーか、ばーか、うんこおじさんのバーカ」

こんな調子だから、私は誰にも自分の仕事を明かさなかったのだが、小さい街のこと、作業中の姿が見られ、すぐに近所や子供のクラスメイトの知るところとなった。

が、幸いにも近所の人の態度は変わらなかった。内心はともかく、普段はこれまでどおりに接してくれたのだ。子供たちも妻譲りの気の強い性格のせいか、イジメに遭うこともなかったようだ。

　もっとも同僚の中には、子供のイジメが原因で会社を辞める者も少なくなかったが。

一般の企業が参入できるわけない

　入社2年もすると、会社の同僚たちの素性も耳にするようになった。

　右翼から逃げてきたという元ヤクザの50代や、ギャンブルで借金をこさえた40代な

2人ペアで各所に散らばる

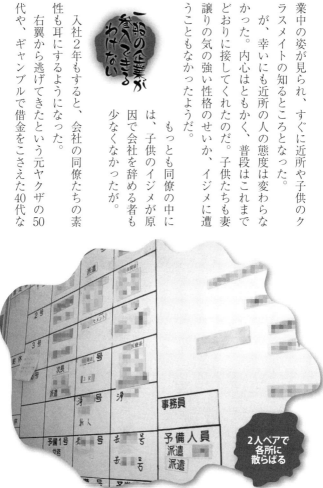

どなど。私にとってもそうであったように、この仕事は一般の会社に就職できない者にとっての最後の砦となっているようだ。

また、会社そのものもワケありだということがわかった。先輩の50代男性によると、「ウチは上がヤクザだ」そうなのだ。

ウチは市から清掃を請け負っている民間企業である。汲み取りの仕事は年に1回の入札によって決まるため、通常ならば勝ったり負けたりが当然だ。

にもかかわらず、ウチは一度も負けたことがない。つまりは談合をやっているのだ。よって、この地域の仕事はすべて独占状態だ。

糞尿処理の売り上げは、1トンにつき約1万円ほどである。一番小さい家庭用の浄化槽でも1・2トン、大きなホテルだと80トン以上もザラ。これを年間およそ4千件近くもこなす。

パっと計算しただけでも、5億以上の売り上げはカタイ。社員13名の会社にしたら相当な額だ。

「産廃業者もそうだけど、こんな仕事、一般の企業が参入できるわけないだろ。けっこう裏はソッチ系ってことも多いんだよ」

先輩の話ももっともだ。ま、働く身にしてみれば、上の人間が誰であろうと関係ない。高い給料さえもらえればいいのだ。

公衆便所にはお宝がキラキラ

ボットン便所の中には様々なものが落ちている。タンポン、ナプキン、コンドーム、スリッパ、携帯電話、バイブレーター…。まるでゴミ捨て場だ。

だから私たちは、あそこの奥さんはやりまくってるだの、娘の女子高生が男を引っ張りこんでるだのと、落とし物からあれこれ勝手な想像を働かせる。これはこれで楽しいものだ。

中でも、我々がもっとも楽しみにしているのが、公衆便所の落とし物である。

その日、私は後輩の男と2人で、某温泉街にある公衆便所に汲み取りに行った。回収する糞尿の総量は約3トン。家庭の約3倍だ。

バキュームカーのホースを槽の壁側につけて、端から糞尿を吸い込んでいくと、1時間ほどで底が見えてきた。

「お～！」

相方と2人して雄叫びをあげた。あるわあるわ。あちこちでお宝がキラキラ光り輝いているのだ。そう、小銭である。

「これどうすんすか⁉」

「もらうに決まってるよ」

ここだけの話、金が落ちていたときはもらってもいいと社長から言われている。単なる猫ババだが、ふだん人が嫌がる仕事をしてるだけに、それくらいは大目にみてくれってワケだ。

　そのかわり、指輪など高価なモノは、遺失物届けが出てるケースがあるため、警察に届けねばならない決まりだ。

「でもどうするんですか？　中に入るわけにいかんし」

「まあ見とけ」

　話は簡単。ホースの先にネットをつけて、吸い込んでしまえばいいのだ。

　あとは、水でじゃぶじゃぶと洗い流せばＯＫ。このときは札こそないものの、しめて2千円程度の小遣いになった。みみっちいと言うなかれ。ウンのついた金なんて縁起がいいじゃないか。

★

バキュームカーに乗ってもう12年になる。まだ自分でも胸を張って誇れるまでにはなっていないが、当初抱えていたコンプレックスはなくなった。これからもクソにまみれながら励むつもりだ。

有毒ガスで死者も!

マンホールに潜って下水まみれになるお仕事

リポート
岡田吉則(仮名)
27歳、東京在住

『裏モノJAPAN』2018年5月号掲載

皆さんが普段、町中で目にするマンホール。あの鉄のフタを開けた先がどのような場所になっているか、正確に知っている人はさほど多くはないハズだ。

かつての俺もそうだった。

ルパン3世に出てくるような、人の歩ける地下空間がずっと広がってんのかな——。そんなことをボンヤリと想像する程度だった。

が、今ならハッキリといえる。マンホールの下は、死の危険と、この世でもっとも汚い水が漂う、地獄のような場所なんだと。

俺が従事している下水道清掃という仕事、その内実をご紹介しよう。

「ウンコは流れてるけど固形じゃないよ」

つまらない工場勤務を辞め、愛知県から上京してきたのは、今から2年前、20歳のときだ。

最初の1週間は、上野に住む兄のアパートに転がり込んでウダウダとしていた。が、いつまでもこのままというワケにはいかない。そろそろ仕事でも探して部屋を借りないと。

職種にこだわりはなかった。そもそも高校を中退した元工場勤務の人間に、ぜいたくを言う資格はない。雇ってくれそうな会社の中で、比較的条件のいいところを選ぶまでだ。

求人サイトであれこれ吟味した結果、良さげなのがひとつ見つかった。下水道清掃。どんな仕事かイマイチ想像つかないものの、月収は25万と悪くない。

　何より、寮完備、食事付きという条件が気に入った。これならアパートを探す手間もはぶけるというものだ。よーし…。

　面接を申し込んでから2日後、都内にある清掃屋の事務所へ。応対してくれたのは専務を名乗るガタイのいいオッサンだ。

「まず聞くけど、下水道清掃ってどんな仕事かわかってる?」

「すいません。実はあんまり…」

「あ、そう」

　専務さんは特に気にする様子もなく、仕事の説明を始めた。マンホールのフタを開けた下には、マンホールの直径と同じ幅の円筒が真下に伸びている。深さは3メートルほどの浅いものから15メートルほどのものまでいろいろだが、いずれもマンホールの底は、道路と並行に走る下水道管につながっている。

　下水道管は、直径25センチの小さなものから8・5メートルの大きなものまであり、その

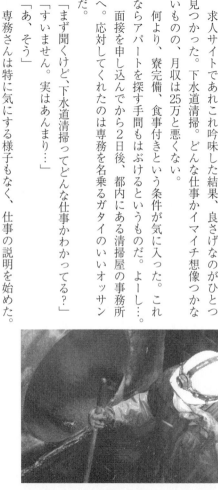

管の中を生活排水が流れている。生活排水とは、工場や家庭から出るすべての水、つまりは流し台や風呂、トイレの汚水などもろもろだ。

基本構造は以上だ。

清掃の必要があるのは、排水に様々なゴミが混じっているためだ。髪の毛、誤ってトイレに流したオムツ、土砂、さらには建築現場経由のモルタルなどで、それが固まってできた汚泥が、下水道管の詰まりの原因になっている。

そこで、東京都から委託を受けたいくつもの業者が、各地の下水道管を定期的にチェックし、詰まりがあった場合には清掃を行っている。そのうちの1つが、この会社なのだ。

勤務体系は日勤と夜勤に分かれており、約40人ほどいる従業員がそれぞれ交代制で担当する。ちなみに、日勤では下水道管のチェックや簡単な補修などを、夜勤では日中のチェックで問題の見つかった下水道管の清掃や劣化マンホールのフタ交換などを行うらしい。

専務が一息ついたところで気になっていたことを尋ねてみる。俺にとっては重要な質問だ。

「あのう、下水道ってやっぱり、人間のウンコとかも流れているんですよね？」

やれやれといった顔つきで、専務が答える。

「そりゃそうでしょ。ただし固形じゃないよ。他の汚れと一緒に水に溶けた状態で流れてるからね。どう、やれそう？」

聞いただけでゲンナリだが、今さら引き返すのもカッコ悪い。

この際、覚悟を決めるか。

「はい、働かせてください。よろしくお願いします」

採用はその場でめでたく決定。数日後、俺は事務所の敷地内に建てられたプレハブ造りの寮へ移り住むことになった。

寮には、ペルー人やベトナム人などの外国人が10人ほど暮らしており、俺以外の日本人は、同じ年ごろの男がひとりいるだけだった。

プーンと鼻をつくドブのような臭い

初出勤は夜勤の作業に回された。夜21時から明け方の5時まで、都内某所にある複数カ所の下水道管を清掃して回る仕事だ。

この作業を担当するのは俺を含めて5名。それぞれ2台の特殊車両に分乗し、現場へ向かう。

最初のマンホールに到着したところで、班長から作業の手順

高圧洗浄イメージ図

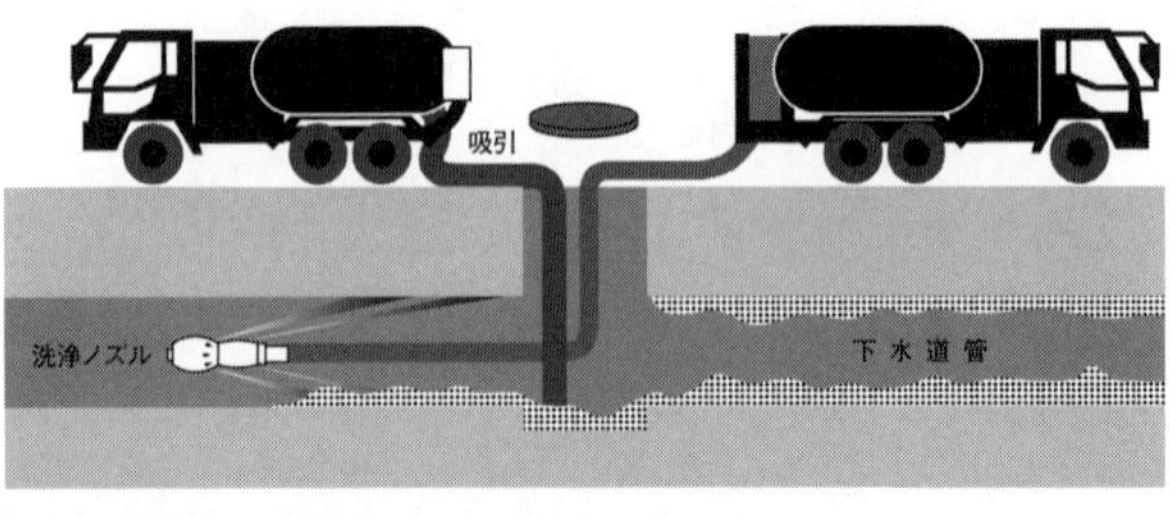

の説明があった。

まずは特殊な工具でマンホールのフタを開け、内部の酸素濃度や硫化水素などの有毒ガスがあるかないかをチェック。安全が確認できたら、5人のうち2人がマンホールを降り、下水道管の清掃に取りかかる。

今回の下水道管は1メートル以下と小さいため、人の侵入が物理的に困難だ。

そこで登場するのが高圧洗浄車とポンプ車だ。高圧洗浄車のノズルを下水道管の奥に突っ込み、それをたぐり寄せる形で、汚泥を掻き出していく。

除去した汚泥は、もうひとりがポンプ車のホースで掃除機のように吸い上げ、地上にいる3人が2台の特殊車両を操作するという段取りだ。

説明が終わったところで班長がポンと俺の肩に手を置いた。

「オマエは新人だからしばらくは地上で雑用でもしててくれ」

言われるまま、先輩たちの作業の手伝いをしていると、や

がてマンホールに入っていた2人が地上に姿を現した。とりあえずここでの清掃は終わったらしい。

そのひとりが、俺の脇を通りすぎる。反射的に挨拶した。

「お疲れ様です」

「ういーす。じゃ次のマンホール行くぞ」

ドブのような臭いがプーンと鼻をついた。

作業服には無数の茶色いシミが付着している。

ウンコの塊をワシ掴みしているような

はじめてマンホールの中に入ったのは、入社から10日ほどたったころだ。その日も初日と同じく夜勤の下水道管清掃の班に加わっており、1つ目のマンホールでは、地上で雑用係をしていたのだが、続いて2つ目のマンホールで作業に取りかかる際、班長が言う。

「ここは簡単な清掃でいいから、岡田、お前やってみるか。俺がやり方教えてやるよ」

マンホールの真下を流れる下水道管は、設計上、その部分だけが他の下水道管より一段低いクボミのような造りになっており、汚泥が非常にたまりやすい。

そのクボミを清掃する場合は高圧洗浄車は使わず、チッパー（先端にノミのついた小型の掘削機）でじかに汚泥を削り取っていくそうな。ついにこの時が来たか…。

班長に続き、恐る恐るマンホールの中へ。内部のハシゴに手をかけた瞬間、悪臭が下からモワッと漂ってきた。ウンコ臭ではない。嗅いだことのない独特なニオイで、その気になればいつでもゲロが吐けるレベルだ。

生きた心地がしないままマンホールの底に立った。足元の下水道管には水深15センチほどの茶色い不気味な排水が結構な速さで流れており、ムカムカ感がより一層強くなる。

作業はまず、ポンプ車で、マンホール底部を流れる汚水を吸い出すことから始まった。そうすることで周辺の水位が下がるため、汚泥が削りやすくなるからだ。

隣にいる班長の動きを真似ながら、チッパーでカチカチに固まった汚泥をこそげ取っていく。

不快なのは時々、汚泥の破片がひんぱんに顔面に飛んでくることで、そのたびに俺は「ひっ」と悲鳴を上げた。

さらに削りとった大量の汚泥は、ゴム手袋をした手でバケ

ツに入れていかなければならない。その際、ジャリッとイヤな感触が手に残り、まるでウンコの塊をワシ掴みしているようなタマらない気分に。とにかくマンホールに入っている間はずっと、不快な状況が続くのだ。

開始から2時間、ようやく作業が終わったころには全身汗だくになっていた。マンホール内の温度や湿度が地上よりもずっと高いためだ。

額から流れてきた一筋の汗が、鼻の頭で止まる。うっかり手袋のままで拭ったところ、汚泥のカスがびっしりと鼻の下にこびりつき、あやうく卒倒しかけた。

マンホールから「た…す…けて」

何事も慣れとはよくいったもので、それから1カ月も経たないうちに、あれほどイヤだったマンホール内の作業にもほとんど抵抗を感じなくなっていた。その他の業務もコツさえ覚えてしまえばどうってことはない。いつの間にか仕事を楽しむ余裕すら生まれてきた。

そんな慢心が招いたとしか思えない事件が起きたのは、入社から半年が過ぎたころのことだ。

その日の仕事は日勤で、俺は班の連中とともにマンホール内部の点検を行っていた。あらかじめ決められた複数箇所で、汚水の水位を目視で確認したり、コンクリートのひび割れの有無をチェックする作業だ。

　順調に進むなか、とあるマンホールを開けた際に、コンビを組んでいた先輩が「ん？」と声を上げた。

「どうしたんですか？」

「いや、結構、汚水の水位が高くてさ、下の方の壁が全然見えねえんだわ」

　たしかにそのとおりだ。このマンホールの深さは10メートルのはずだが、その4分の1ほどが水中に没している。これでは下部のひび割れ確認などできっこない。

「俺さ、ちょっと下まで降りて確認してくるよ」

　マンホールに降りる場合は、事前に内部の空気濃度や有毒ガスのチェックが必須になっているが、実際の現場では邪魔くさいという理由で案外守られていない。そのときも、先輩はノーチェックで下に降りていき、俺もさして気に留めていなかった。

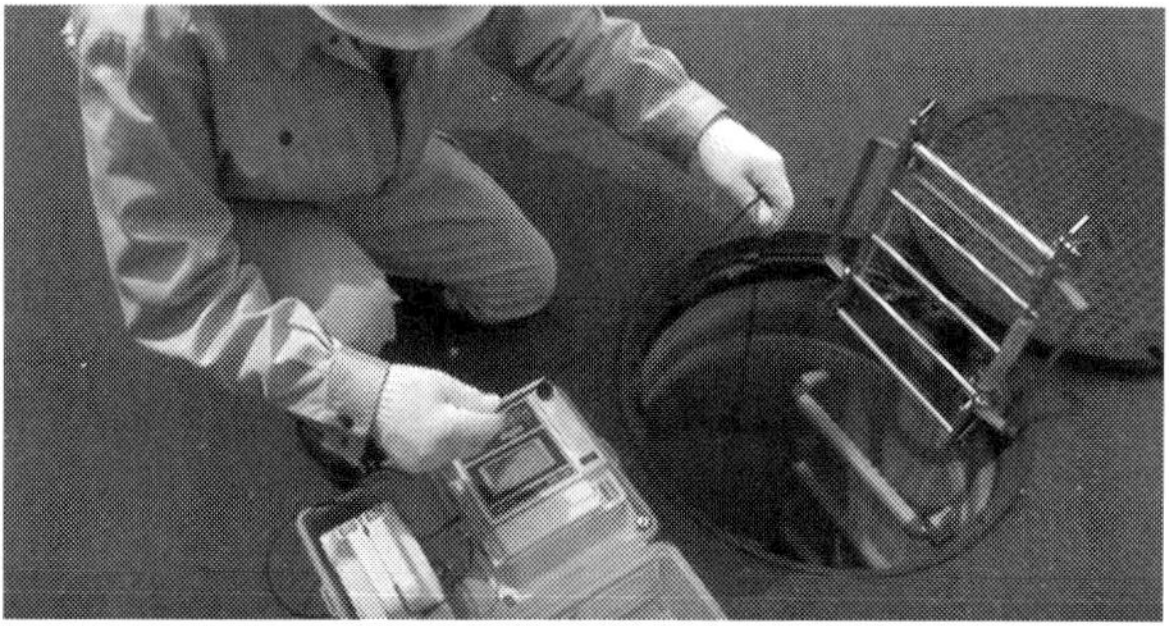

それから30秒ほど経ったころだと思う。

地上で別の作業をしていた俺の耳に、誰かが呼んでいるような声が、かすかに届いた。

「…す…けて」

ふと背後のマンホールをのぞき込み、思わずアッと声が出た。地上から5メートルほど下の位置で、先輩がハシゴに手をかけたまま、固まっているのだ。

「た…す…けて…」

上を見上げたその顔は恐ろしい形相をしており、ただごとでないことは明白だ。まさかガス中毒？

とっさに酸素マスクをつけてマンホールへ入り、先輩の体にロープを巻き付ける。そのまま力ずくで引き上げると、ようやく地上に連れ戻すことができた。ソッコーで119番通報したのは言うまでもない。

結局、先輩は酸素欠乏症と診断され、数日間の入院を余儀なくされた。命に別状はなく、後遺症もなかったのは不幸中

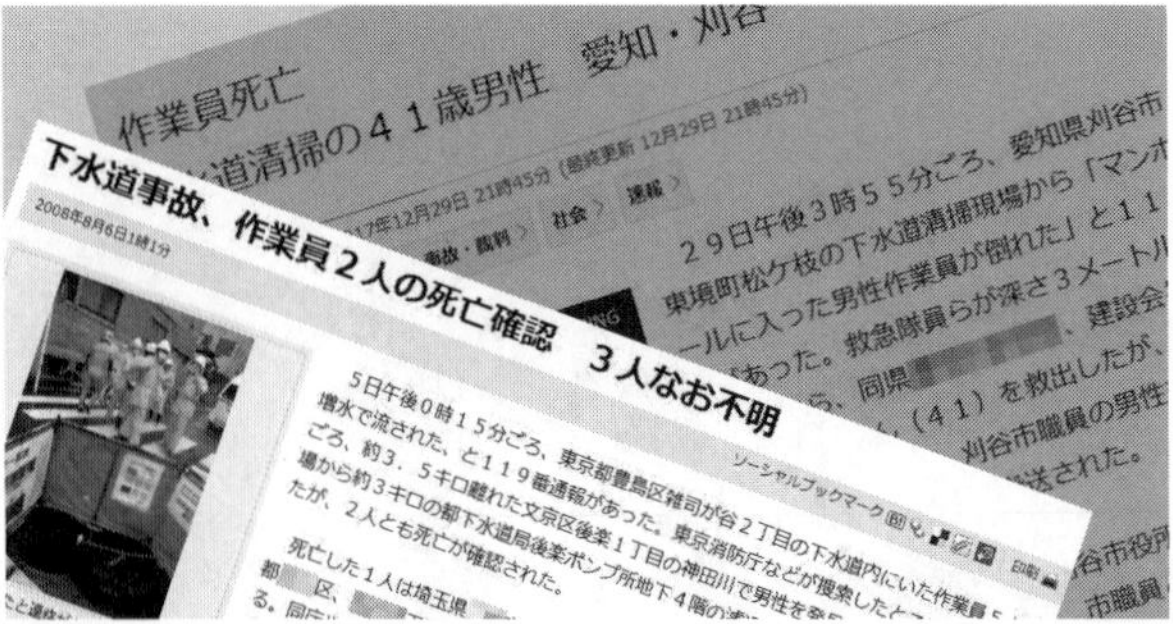

の幸いだ。

まったく恐ろしい事故だが、のちにこの業界のことをより深く知るようになってからは、むしろ先輩のケースはラッキーだったと思うようになった。

マンホール内部での作業中、有毒ガス（硫化水素）を吸い込み、死亡する事例が全国的にも後を絶たないからだ。

いずれの場合も、事前の空気チェックを怠ったのが原因だそうだから、安全確認の軽視はこの業界の根深い問題といえるだろう。

ウンコがついてても20万円だよ

日々、汚物にまみれ、ときに命の危険にさらされる下水道管清掃という仕事。こんな職場にイイことなど一つもなさそうに思えるが、実はそうとも言い切れない一面もある。

それを目の当たりにしたのは、初めてペルー人たちと同じ

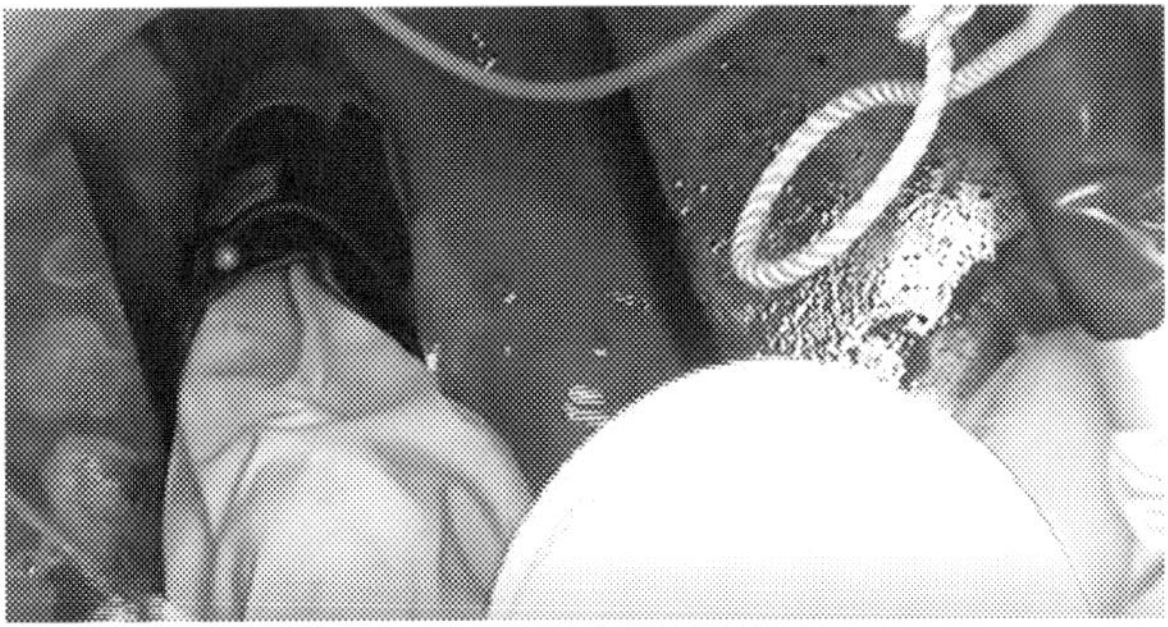

班になり、夜勤の清掃へ駆り出されたときのことだ。

前述したとおり、通常の下水道管清掃は、高圧洗浄車でへばりついた汚泥を取り、除去した汚泥をポンプで吸い上げる。

ポンプ車にたまった汚泥は、業務終了後に、専用の処理施設へ運ぶことになっているのだが、車両が事務所へ戻った途端、ペルーの3人組が妙な動きを見せた。

なんと、ポンプ車のタンクのフタを開けて中へ入りこみ、汚泥を手でかき分けだしたのだ。土とウンコと、ありとあらゆる病原菌で出来た、この世でもっともおぞましい汚泥の中に手を。な、何やってんだよ！

30分後、呆然とする俺の前に、うず高く積みあがったのは、大量の硬貨だ。見たところ硬貨は全種類あるようだが、100円玉と500円玉が断トツで多い。いったいいくらくらいあるんだろう。

ペルー人の1人が言う。

「いつもだいたい20万円くらいあるよ。汚いのガマンすればすごく儲かる」

東京の下水道管には、町中の排水溝から入ってくる雨水も流れている（場所によってはそうでない場合も）。つまり、排水溝に落ちた硬貨も汚泥に混じって下水道管にごっそりたまっているのだ。

それをわかっていても日本人作業員は衛生的な観点から敬遠してしまうのだが、ペルー人はへっちゃららしい。母国へ仕送りの義務があるなど、経済的によりハングリーな背景があるためだろう。

「ウンコついてても20万円だよ。そのまま捨てるなんてもったいないね。岡田さんもやれば？」

いくら勧められても、さすがにあの汚泥の山に分け入る勇気はなかった。

が、以来、連中がその〝ボーナス〟を得てフーゾクへ出かけるときは、必ず会社の車で送迎することにした。免許のない彼らの足になってやる代わりに、ヘルスやピンサロをおごってもらうためだ。

水深3メートルの汚水にドボン

俺のいる会社には、「幹線管の水位チェック」という業務がある。

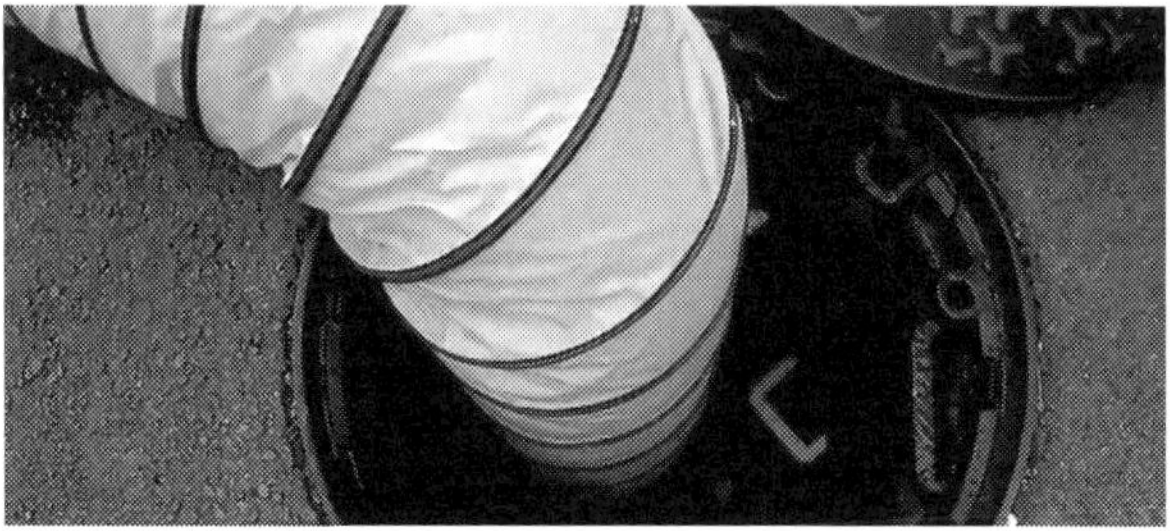

幹線管とは、大人が数人並んでもすっぽり入るほど大きな下水道管のことで、そうしたものは都内にいくつかある。

そのうちの1つを、俺の会社が定期的に水位チェックしている。幹線管の中に入り込み、目視で汚水の水かさを確認するだけの超カンタンな仕事だ。

昨年の夏の雨の夜、その幹線管水位チェックの業務が俺に回ってきた。すでに何度も経験済みなので、むろん、そのラクチンぶりはわかっている。よっしゃ、今日はラッキーだな。

後輩社員をひとり連れ、マンホールから幹線管の中へ。いつも以上にムアッとした湿気と臭気が口や鼻に入ってきた。時刻は午後10時とお風呂時なので、各家庭のお湯が大量に流れ込んでいるんだろう。

この幹線管には、汚水の流れと並行するようにコンクリ製の足場のようなものが設けられており、マンホールのハシゴを降りた先はそこにつながっている。ルパンなどがコンコンと走るあの光景を想像してもらえばいい。

幹線管はいくつもの支線管（小さな下水道管）が合流する場所であり、水の流れは相当速く、水位も2、3メートルと深い。

折しもその日は大雨だったため、汚水の流れの勢いは普段よりもさらに激しかった。ドドドドという轟音に、後輩もどこか不安気だ。

水かさもかなり上がってはいるが、危険なレベルにはまだ達してない。よし、ではチェックも終わったことだし、とっとと帰るべ。

ハシゴに手をかけようとしたタイミングで、背後から後輩の声が飛んできた。

「あの、柵にゴミがたまってますけど、いいんすか？」

この幹線管には、汚水の流れに対して垂直にいくつかの柵が設置されており、フィルターの役目を果たしている。そこにゴミが引っかかっていれば手で取り除くのも俺たちの仕事の1つだ。

見てみれば、柵の足場側、つまり俺たちの手前の方に空き缶が3つほど引っかかっている。

「んじゃ、あれ取って帰ろうぜ。俺がやるよ」

その場でしゃがんで慎重に手を伸ばす。1つ目、2つ目は難なくキャッチできた。が、3つ目の缶が微妙に遠い。

そこで後輩の手を握って空き缶の方へ体重を傾けたとき、ゾワっとした感覚が背中に。摑んでいた後輩の手が、すっぽ抜けたのだ。

ドボン。

あとで後輩から聞いたところによれば、汚水の濁流に落ちた瞬間、俺の体はもの凄い勢いで柵に叩きつけられたという。それほど水の流れが激しかったのだ。

落ちた！　と思った瞬間、俺が真っ先に取った行動は、口と目をきつく閉じることだった。あらゆる病原菌が潜んでいる水など1滴たりとも体内に入れたくはない。ヘタすりゃ死ぬのだ。

強烈な水圧で柵に押し付けられながら、俺は必死に片腕を足場

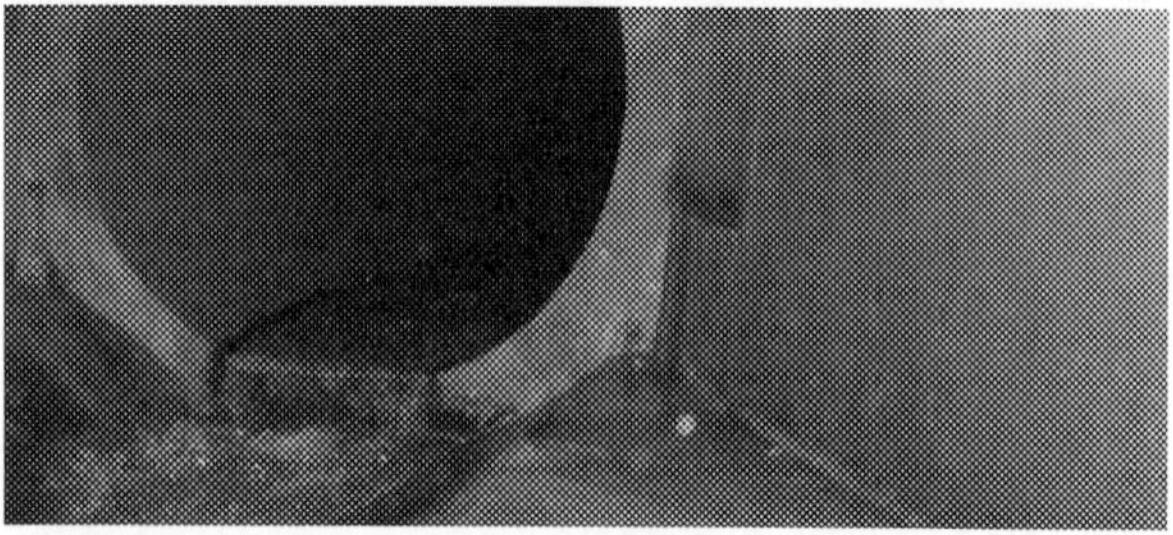

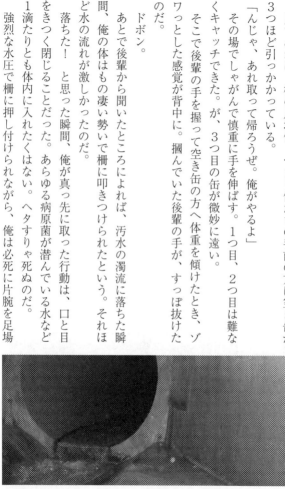

と思しき方向に伸ばした。後輩が助けてくれることを死に物狂いで祈りながら。ヤツの力強い腕が体を引き上げてくれたのは、汚水に落ちてわずか10数秒ほどのことだったらしいが、俺にとってはその3倍にも4倍にも感じられた。ふう、助かった！

★

入社当初はただの腰かけ程度に考えていたこの仕事も、気がつけばすでに2年以上も続けていることになる。

この先どうするかはまだ決めていないが、みなさんがトイレでウンコを流すとき、マンホールの下で働く俺たちのことを思い出してくれたら、やはりちょっとは嬉しいかも。

ルポ
マグロ漁船

リポート
坂井健史（仮名）
29歳、宮城在住
『裏モノJAPAN』2015年11月号掲載

嫁や彼女のいない今しか乗れないだろう

23の歳にマグロ漁船に乗ることになった。きっかけは借金だ。

当時のオレはパチスロにハマっており、親や友人から60万、サラ金から120万円ほどの借金があった。そんな折、高校時代の同級生との飲みの席で、ある先輩がマグロ漁船で借金を返済したと耳にし、さっそくその翌週、地元の漁業組合を訪ねたのだった。

組合のオッサンによれば、マグロ漁船には2種類があるという。日本近海で漁をする
「近海延縄漁」

と、インド洋や大西洋まで行く
「遠洋延縄漁」

の2つだ。

近海漁は約1カ月で終わるのに対し、遠洋漁は船によって差はあれど10カ月から1年は海の上にいるらしい。

給料も段違いで、近海漁は1回の航海で手取り20万円。遠洋マグロ漁は1回の航海で400万円程度だから、月にすればおよそ40万。共に給料の受け渡しは陸に戻ってきて2週間後、口座に一括で振り込まれるそうだ。船の上では現金が必要ないため、まるまる手に入

ることになる。

最近では若いマグロ漁船乗組員が少ないらしく、どちらも乗ろうと思えば簡単にいけるらしい。

オレは遠洋漁船を選んだ。色々と不安なところはあるけれど、嫁や彼女のいない今しか乗れないだろうし、まとめて稼ぐことで借金返済どころかたっぷり貯金までできてしまうのだから。

日本人は9人。他はインドネシア人

２００９年2月。マグロ漁船に乗りこむべく、K港にやってきた。特に持ち物はいらないと聞いていたが、大きいリュックに漫画本20冊ほどと、ゲーム用にスマホやＰＳＰ、充電器などを詰め込んである。

港で組合長と待ち合わせ、すぐに1人のオジサンを紹介された。

「船頭の岩城さんだ。これから世話してもらうんだからちゃんと挨拶しろよ」

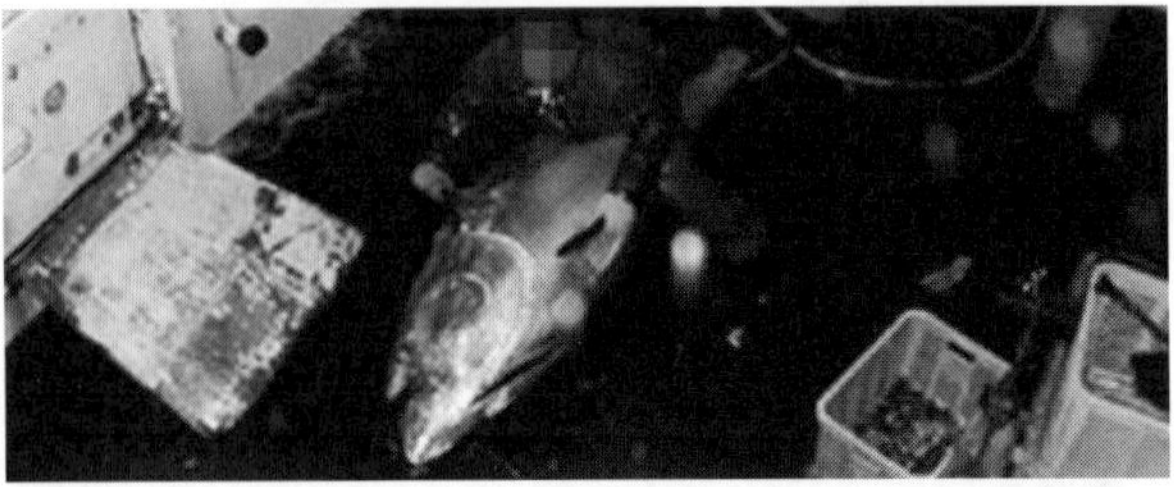

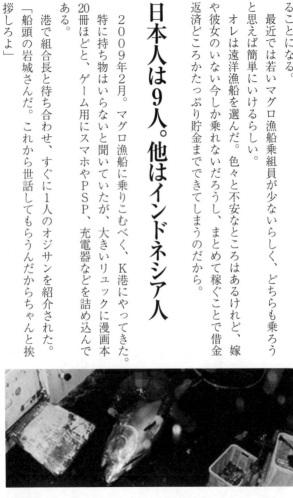

浅黒い肌に深いシワがこれでもかと入った、50歳過ぎのいかにも漁師ってな風貌の人だ。

彼に続いて船へ。全長50メートル、幅10メートル。と聞いてもすぐにイメージできないだろうが、テニスコートを縦に2面並べたような大きさと思ってもらえばいい。

そこに一般（オレと同じ立場）の乗組員（16人）以外に、一等航海士や地上と通信する担当などの「幹部」と呼ばれる人間が乗り込む。

船内の大まかな作りはこうだ。

・甲板デッキ　マグロ漁の主現場
・食堂　船員はここに集まって食事をする。大きなテレビもあり
・調理室　コック長が１人で食事を用意する
・居室　寝る部屋。幹部以外は４人部屋
・トイレ、シャワー室、風呂
・魚艙　獲れたマグロを冷凍保存しておく部屋。マイナス60℃に保たれている。日本に戻ってきたときにここからまとめて水揚げする

居室に荷物をおろしたところで、カッパ作業着上下と軍手、無地の白Tシャツ30枚が手渡された。仕事中はこれを着るようだ。

これから出航ということで食堂に集合がかかった。集まった顔ぶれは、日本人乗組員より外国人のほうが格段に多い。全23人のうち、日本人はオレと船頭、幹部を含めて9人のみ。他はすべてインドネシアから来た男たちだ。

隣に座るインドネシア人がオレの肩を叩く。

「ハジメテ？　よろしくね」

「あ、よろしくお願いします」

けっこうちゃんとした日本語だ。彼は30歳で、漁に出るのは3回目だという。

船はこれから2週間ほどかけて漁場であるインド洋の赤道付近へ向かう。それまで実作業はないようだ。

「150kmもあるんだよ。東京静岡間とほとんど同じ」

まったくやることがなく、寝ても覚めても同じ景色の2週間が過ぎ、ようやく船頭から声がかかった。

「明日の朝から仕事だ。今夜は夜更かししないでちゃんと寝ろよ。朝4時に上（デッキ）に来い」

いつしか船は赤道付近にまで到着していたらしい。どうりで暑いはずだ。

翌早朝。船内に「ブー」と仕事の時間を告げるブザー音が鳴った。他の乗組員にならい、リーダーの指示に従ってデッキに1列に並ぶ。

目の前にはリールに巻かれた「幹縄」と呼ばれる太い縄があり、その幹縄に等間隔で少し細い縄が何本もくくりつけられている。これは枝縄と呼ばれており、その先端の釣り針に小魚をつけて海に投げる『投縄』が朝の仕事だ。

「作業開始！」

リールから幹縄が吐き出されていく。その脇に並び、見よう見まねで「し」の字形の釣り針にエサをつけていく。リーダーは先頭で、一定の間隔でブイをつけているようだ。

左手で手のひら大の釣り針を摑んで、右手でイワシやアジ、サバを刺す。これの繰り返しなのだが、かなりのスピードが要求される。目の前にやってきた釣り針が手から離れるまで10秒かからないぐらいだ。もうちょっとゆっくりやってくれよ。

どうにか遅れないように仕事を続けるが、いっこうに終わる気配はない。いったいいつまで……。

急に船酔いが襲ってきた。もうノドのところまでゲロがあがってきている。うえ、ヤバイ…。

ゲロの波をおさえることができずにその場で吐いてしまった。

「こらオマエ、吐くのはいいけど手を止めるな！」

マジで？

他の船員もオレを案じる様子もなく、淡々と仕事を続けている。

それにしてもこの作業はいつまで続くのか。吐き気をおさえながら隣の日本人に聞いてみた。

「あれ、聞いてない？　幹縄って150kmもあるんだよ。東京静岡間とほとんど同じ距離」

150キロ！　そしてその150kmの間に2200本もの釣り針がついているらしい。

途方もない数字を聞いてよりいっそうやる気が失せた。吐き気もとまらないし、実際何度も吐いてるし。

ところで先ほどから、途中で1人が持ち場を抜け、数分で戻ってきたかと思えば、また別の1人が場を離れていくという繰り返しが行われているのだが、あれはなんだ？

謎はオレにも声がかかったことでようやく解けた。

「朝飯食ってこい。5分な」

たった5分でメシってか！

食堂にはお茶漬けが用意されていた。が、ひと口だけで吐きそうになったので、イスに座ってつかの間の休憩をしてからデッキに戻る。

まるでロボットのように同じ動きを続けてどれくらい経っただろうか。リーダーから「終了」の声が飛んだ。ふらふらしながらベッドに倒れこむ。時刻は午前8時過ぎ。4時間もあんな単調な作業をしてたんだ…。

船はこれから正午までの3、4時間ここにとどまり、針にマグロがかかるのを待つ。その間は寝てようが何をしてようが構わないとのことだ。

深夜0時までにかかったマグロは25本

いつのまにか正午になっていたみたいで、同部屋の人間に叩き起こされた。チカラが入らないカラダを無理やり動かしてデッキへ。

午後の仕事は『揚縄《あげなわ》』

朝投げた幹縄を引く作業だ。

電動リールが動き出し、その勢いにあわせてオレたちもゆっくりと縄を引き揚げる。

…ぐぅ、水の中の縄を引くのってこんなにキツイのか。これに比べたら投縄はまだマシかもしれない。

エサがついたままの針や、エサだけ食われた針が船に戻ってくる。肝心のマグロの姿はこれっぽっちもない。

4時間ほど続いたところで、また例の食事タイムだ。船員が1人ずつ交代でデッキを離れ、5分で夕食をとる。オレはなんとかレトルトカレー（こういうお手軽な食い物が多い）を胃袋に流し込んだ。

縄を引っ張ること5時間。先頭のリーダーが大きな声をあげた。

「かかってる！」

きた！　リーダーが一気に縄を引き、そのペースを乱さないよう、後ろのオレたちも縄を引く。

リーダーのそばにいる船員がカギと呼ばれる鉄の棒を手にした。水面から見えたマグロの口にひっかけ、弦門（マグロを引き上げるドアみたいな箇所）からいっきに引き揚げる。すげー。これって超デカイんじゃないの？

その場でサイズが計測された。

「体長200センチ・160キロ！」

続けざまに1人がいそいそとマグロの処理をはじめた。大きな包丁で尾をちょん切って、エラを外して手を突っ込み、中から血まみれのはらわたを取り出す。その後は2人がかりで魚艙に収納だ。

さっきまでの静寂はなんだったと思うぐらいに、このあとマグロの引き揚げが続いた。深夜0時まで揚縄を行い、かかったマグロは25本。2200本の針でこの数字はごく普通らしい。ようやく1日の作業が終了かと思えばそうではなかった。オレみたいな初心者は、デッキの掃除や道具の整理整頓などの雑務をしなければならない。

中でも大変なのは揚縄の途中で絡まった縄をほどく作業だ。わけのわからない様子でこんがらがっていて、イヤホンが絡まるぐらいの可愛いレベルではない。

結局ベッドに入ったのは深夜2時だった。朝から働きっぱなしで腕にチカラが入らない。

フカヒレを売ってボーナスを分配

投縄は8人ずつで1日置きに行うため、翌朝はオレの組は休み。ブザーが鳴ってからも二度寝し、ゆっくりシャワーや朝飯で時間を費やした。

が、午後の揚縄は全員参加だ。昨日と打って代わって15分に1本マグロがあがるハイペースが続く。壮絶に疲れながらもたくさんマグロが獲れることは素直に嬉しい。

リーダーが妙な声をあげた。

「お年玉だ！」

作業員の手が止まり、全員が弦門に集まった。

リーダーが何かを引き揚げた。

うわデカっ！　2メートルはあるんじゃねーの？

のたうちまわってる生物の正体はサメだった。リーダーが背中に包丁を入れ、三箇所ほど刺したら動きが鈍くなった。

隣のインドネシア人が声をかけてくる。

「アレが売れるんダヨ」

「どういうことですか？」

「見てればわかるよ、ホラ」

リーダーは弱っているサメを踏みつけ、ヒレを一気に切り落とし、胴体部分をそのまま海に投げ入れてしまった。なんで尾っぽを残すんだ？

「フカヒレだよー。知ってるでしょ？　あれ高いからイイお金で売れるんだよネ。だからお年玉」

このフカヒレは日本に持ち帰るのではなく（国際法で禁じられているため）、寄港地のモグリの買い取り業者に現金で売りつけるらしい。そして金額に応じて乗組員にボーナスが分配されるそうだ。

お年玉は1日3回訪れることもあれば、数日まったく引っかからないこともあるようで、オレが次にサメを見たのはその2日後のことだった。

しかしそのとき悲劇が。

作業を中断し、弦門付近に集まった瞬間、

「うわああああ!!」

「バカ野郎、前に立つんじゃねーよ!!」

サメが、ある作業員の太股に噛みつき、ズボンが引きちぎられ、中から肉のはがれた太股が見えている。

船内には医者などいない。どうするのかと冷や冷やしていたら、船頭が常備薬ボックスを抱えて走ってきた。消毒薬を思いっきり振りかけて何枚もの絆創膏を重ねて貼る。そのうえから包帯でぐるぐる巻きに…そんなんでいいのか?

「ったくふざけんじゃねーぞ!」

幸いそれほど大きな怪我じゃなかったようで、彼は1週間ほどで漁に復帰した。

生の女の魅力に抗えるはずがない

遠洋漁業ではおよそ3カ月に1回、外国の港に3泊ほど寄港する。燃料や漁のエサ、船員の食料や物資の補給が目的だ。

ようやく寄港地のシンガポールにやってきた。食堂に集まるオレたちに船頭が封筒を手渡す。

「宿泊金と船員手帳が入ってる。ここで寝てもいいしどこか宿をとっても構わないから、ゆっくり休め。解散！」

宿泊金は日本円で10万円。どう使おうがオレたちの勝手だが、最後にもらう給料から前借りしてるだけなので使わないにこしたことはない。余ったカネは船が出るときに船頭に渡して保管してもらうシステムだ。

船員手帳はパスポートと同等の効力を持った書類だ（実際オレたちはパスポートを持ってきてない）。これさえあれば海外どこでも入国できてしまう便利なものだ。

陸ではもちろん女を買った。船の中での性処理は妄想オナニーで、しかもシャワー室で立ったままシコるのみ。そんな生活を3カ月も続けて、生の女の魅力に抗えるはずがない。

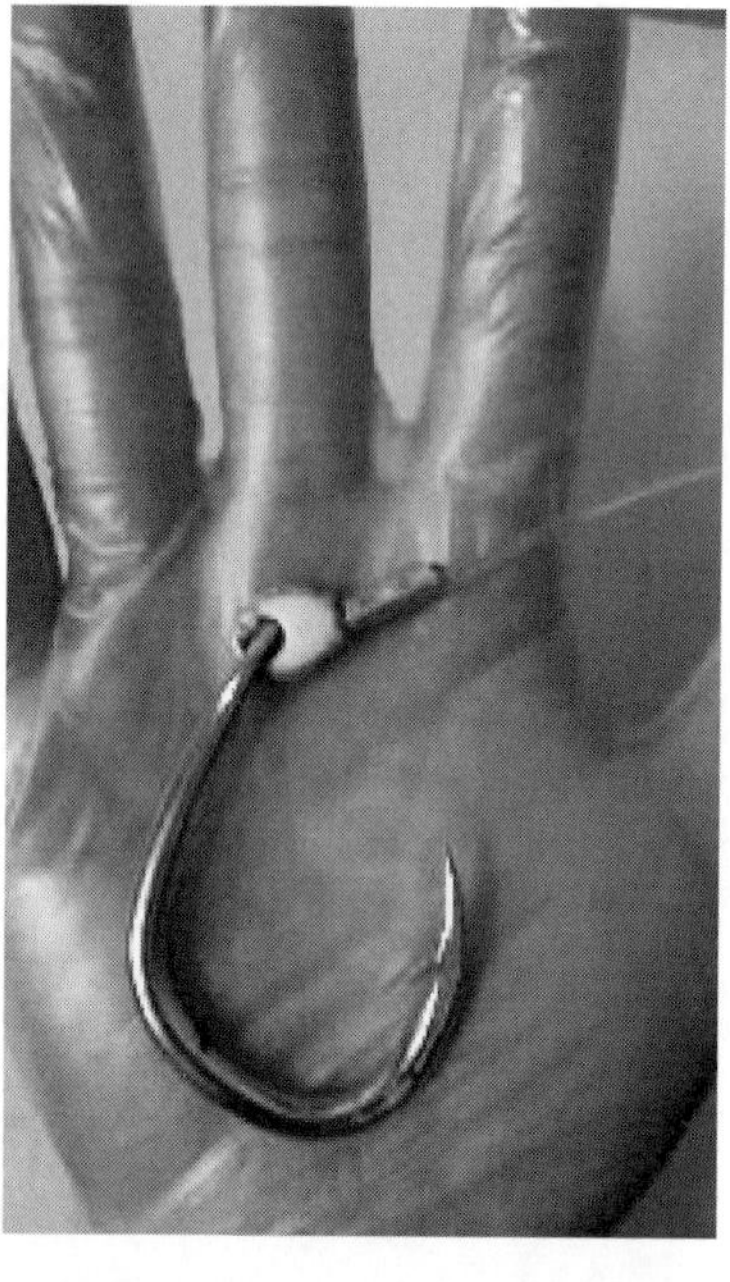

ありがたかったのは、この街で「お年玉」がさばけたため、臨時ボーナスとして1人5万円が支給されたことだ。持ち帰りＯＫのポールダンサーを4人買ってもお釣りが出るし！

手のひらに釣り針が貫通している

つかの間の極楽を経て、再び船は出航した。仕事の流れはカラダに叩き込まれたが、体力的にツライのは改善されない。

揚縄が終わって後片付けをしていたらまもなく投縄なんてこともあり、睡眠時間が極端に少ないのが一番のストレスだ。

数週間後、事件は起きた。

その日は大時化の中で揚縄を行っていた。雨で視界は悪いし、船がグラングラン揺れているが、マグロ漁は天候によって漁を中断することはない。

マグロがかかっておらず、全員で淡々と縄を引いていたとき、1人のインドネシア人が絶叫をあげた。

手を激しく振る彼。その手のひらに釣り針が刺さって貫通している。嘘だろ…。

揚縄のときは針のある箇所ではことさら注意して縄を引くのだが、彼はあろうことかおもいっきり針ごと縄を握ってしまい、手のひらを貫通させてしまったのだ。おそらく時化で視界が悪かったのだろう。

全員どうしていいかわからずうろたえるなか、さすがに船内での治療はムリだと判断した船頭が、無線で近くの船を呼び、病院に運ばせた。このインドネシア人は2度と戻ってこなかった。

朝の投縄でも信じられない事件が起きたことがある。

リーダーが船の先頭でブイやエサ、浮きをつけているときだ。

「ううあ〜！　助けてぇ！」

そんな声を残してリーダーの姿が見えなくなった。走って近寄ってみれば、なんと海に投げ出されている。

「ひっかかったー！　たすけてくれー!!」

針が作業着にひっかかってそのまま海に投げ出されたようだ。助けると言ってもこの荒れた海に飛び込むわけにはいかない。

全員で縄を引き、波のチカラで流されるリーダーを引き揚げるまでに30分を要した。なんとか生還したリーダーは息も絶え絶えに何かをつぶやいている。

「死ぬ、死ぬ。もうムリだ。オレはもう乗りたくない。死ぬ。死ぬ」

幸い生死に関わりはなかったものの、この事件がトラウマになってしまったリーダーは次の寄港先で船を降り、飛行機で日本に帰った。

残されたオレはあらためて死と隣り合わせであることを痛感した。なんでも同じような事故で海に投げ出されるマグロ漁船員はけっこういるらしい。

「悪いんだけど、しゃぶってくんない？」

危機はデッキのみにあるわけじゃない。航海が残り1カ月を切ったころ、揚縄が終わりクタクタになってシャワーを浴びていたら、先輩（日本人）がいきなりカーテンを開けてきた。

「ちょっと、やめてくださいよー」

「おう、いい尻じゃねーか」

すっぽんぽんの先輩はオレの尻をひと撫でして去っていった。

船の中では仕事中以外、裸同然で過ごす人もいる。暑いからと、裸で廊下を歩いてる光景もよく見る。男だけの世界なので誰も気にしないのだ。

その先輩もそうだった。ときどきからかうようにチンコを触り合うみたいな流れにもなったことがある。だから今回のこともまったく気にしていなかったのだが…。

翌日、再びシャワー室。カーテンを開けてきたのは同じ先輩だ。

「おう、悪いんだけどちょっとだけしゃぶってくんない？」

何言ってるんですかと口に出そうと思ったが、目に入ったチンコを見て息が止まった。ギンギンに勃起してるのだ。え、もしかしてそっち系？

「いやそれはちょっと…」

「ちょっとだけでいいからさぁ」

「すいませんムリです」

「（深呼吸して）ナメんなよ!!」

怒鳴り散らした先輩は、その翌朝、恥ずかしそうな顔をして近づいてきた。

「昨日、オレなんかした？」

「…ええ、まあ」

「ごめん。酒飲むとたまにヘンになっちゃうんだよ。アハハ。ま、気が向いたらしゃぶってくれればいいから。アハハ」

女がいない特殊な環境だけに、ない話ではないと思ってたけど、まさかオレに降りかかってくるなんて…。

★

初マグロ漁を終えて懐かしのＫ港に戻ってきたのは、２０１０年の正月のことだ。

２週間後に振り込まれた金額は３８４万円。すぐに各所からの借金を返済し、オレは晴れてキレイなカラダに生まれ変わった。めでたしめでたしだ。

マグロ漁船は未経験者であっても30代前半までは募集が出ている。興味のある人はどうぞ。

食肉処理工場で働くということ

リポート
石田三太（仮名）
30歳、東日本在住

『裏モノJAPAN』2011年4月号掲載

皆さんが日ごろ口にする焼肉やトンカツ。その材料となる肉は、牛や豚を殺して得られるものだ。

そんなことは鼻水たらした小学生だって知っている。でも、ほとんどの人は答えられないハズだ。食肉処理というお仕事が、具体的にはどのようなものなのかを。

しかし焼肉が大好きだというのなら、家庭の食卓に肉が並ぶまでのその過程で、いったいどんなことが行われているのか理解して損はないと思う。

食肉処理場の現役作業員である私が、公になることの少ない仕事の中身を紹介しよう。

豚の頭を料理する姿がショッキングだった

平成10年の秋。当時、地元のアホ高校の3年生だった私は、毎日、イライラと落ち着かない生活を送っていた。クラスメイトが次々と就職先を決めていくなか、自分を含む数名はことごとく面接に落ちまくっていたのだ。くそ、どうすんだよ。このままじゃ卒業後もプータローじゃん。

いや、ひとつだけツテはあった。オヤジ方の叔父が勤める地元の食肉センターが、施設の増改築にともなって作業スタッフを増員しようとしており、叔父から熱心に誘われていたのである。

「ウチで働けよ。俺が口をきけば簡単に入社できるからさ」

不甲斐ない息子の尻をオヤジもぺしぺしと叩く。

「あれこれ言ってる場合じゃないだろ。世話になれ」

しかし、私は頑なに拒否した。コネ入社がイヤだとか、そんなかっこうのいい理由からではない。小さいころから叔父の家でたびたび目撃している、あの光景のせいだ。

切断されたばかりの豚の頭部。職場から安く買い取ってきたというその物体を、台所で楽しそうに調理する叔父の姿は、少なからずショッキングだった。生々しすぎるとでも言おうか。

そもそも私は、根っからの動物好きなのだ。食肉センターなんか絶対に行きたくない。

でも結局、叔父の進言を受け入れることにした。最後の頼みのつなだったスーパーの入社試験に落ちた以上、残された選択肢は他にないのだから。家庭の苦しい経済状況を考えると、もうワガママは言えない。

形ばかりの面接を受けるべく食肉センターの事務所を訪れると、人のよさそうな所長から仕事のあらましを説明された。

就業時間は朝8時から夕方4時までで、土日祝日は休み。福利厚生もしっかりしており、毎年、社員旅行もある。経費はすべて会社持ちで温泉旅行に行くそうだ。

月給は15万で、ボーナス（給料1カ月分）は年2回。その他もろもろの手当を入れても、手取りの年収は200万から少しだけはみ出るくらいだ。ちょっと安いようにも思ったが、所長が言うには、

「高卒の初年度の年収なんて、ここらの会社じゃどこもそんなもんだ。それに毎年必ず昇給するだけウチはマシな方だよ」

後日、採用の知らせが自宅に届いた。かくして私は、翌年春から食肉センターの作業員として働くことになったのである。

新人の仕事は簡単な豚から

朝7時半。初出勤した事務所は処理場の2階にあった。そこで真新しいヘルメット、ゴム製のエプロン、手袋、長靴に着替えてから1階に降りる。

処理場の入口付近にはすでに他の作業員が30人ほど集まっていた。3分の2は30代から50代のオッサンやオバハンだが、残りはまだ10代の若い男女だ。私と同じ新入社員らしい。

ラジオ体操が終わり、先輩たちがぞろぞろと持ち場へ向かうなか、新人だけが入口に集められた。初老のベテラン員から作業内容の説明を受けるためだ。

この処理場では毎日、畜産農家から届く豚220頭、牛20頭（ごくたまに馬や羊も）を解体して枝肉にする。

枝肉とは、家畜から皮、内臓、頭、四肢の先端を取り除いた胴体部分を、背骨から2つに切り分けた状態のことだ。外国映画などで、大きな冷凍庫に吊された肉のかたまりを見たことがあるだろう。あれだ。

豚の場合、そこへ至るまでの工程は大ざっぱに分けて6つある。

工程1『頭部への電撃↓ノドを裂いて放血』
工程2『脚の先端を切断↓アキレス腱の皮剥き』
工程3『肛門抜き↓胸割り↓頭部、尾の切断↓内臓摘出』
工程4『尻、腹部、背中の皮剥き』
工程5『背割り』
工程6『枝肉の洗浄↓最終検査』

豚の解体がすべて終われば、次は牛の番だ。工程内容は豚とおおむね同じだが、牛の解体は体が大きいぶん、より高い技術と経験が必要になる。だから新人は、簡単な豚から仕事を覚えるのが普通らしい。

以上が処理場の仕事、つまり私が本日から受け持つ部分である。

そこから先は併設された加工工場の仕事で、枝肉は部位ごとに大きなブロックに切り取られる。お馴染みのバラ、ロース、ももなどになって、市場でセリにかけられるわけだ。

説明が終わると、新人はベテラン作業員の指示によって、それぞれ別の工程に回された。

「えーと、石田。オマエは脚切り場に行ってくれ」

脚切り。第2工程だ。

さすがに今日ばかりはハシが進まない

フ〜ッと息を吐き、処理場の中に足を踏み入れたとき、すでに解体作業は始まっていた。

床はあちこちが血の海で、なにより臭いが強烈だ。血やケモノ独特の臭いに加え、おそらく糞尿の臭気も混じってるのか、口で息をしてないとたちまち吐き気を催してくる。

泣きそうになりながらようやく脚切り場に到着した。横たわった豚がベルトコンベアで流れてくる。第1工程で電撃を受けて失神したところにノドを切られ、放血が始まったばかりの状態だ。

その四肢を、先輩作業員が大きなハサミのついた機械でバチンバチンとちょん切っている。

先輩が作業を続けながらチラッとこっちを見た。

「おう、新入り君か。まだ脚切りをさせるわけにはいかないから、そのガラ箱の中身、捨て場に持ってってよ」

ガラ箱には、切り取られたばかりの脚の先端が入っていた。いわゆる豚足だが、当時は出入りの問屋が仕入れを希望していなかったため、ゴミとして廃棄していたのだ（現在は売り物として大事に扱っている）。

中に豚足がたまっていくたび、重いガラ箱をずるずると引きずって捨てにいく。それ以外はやることがない

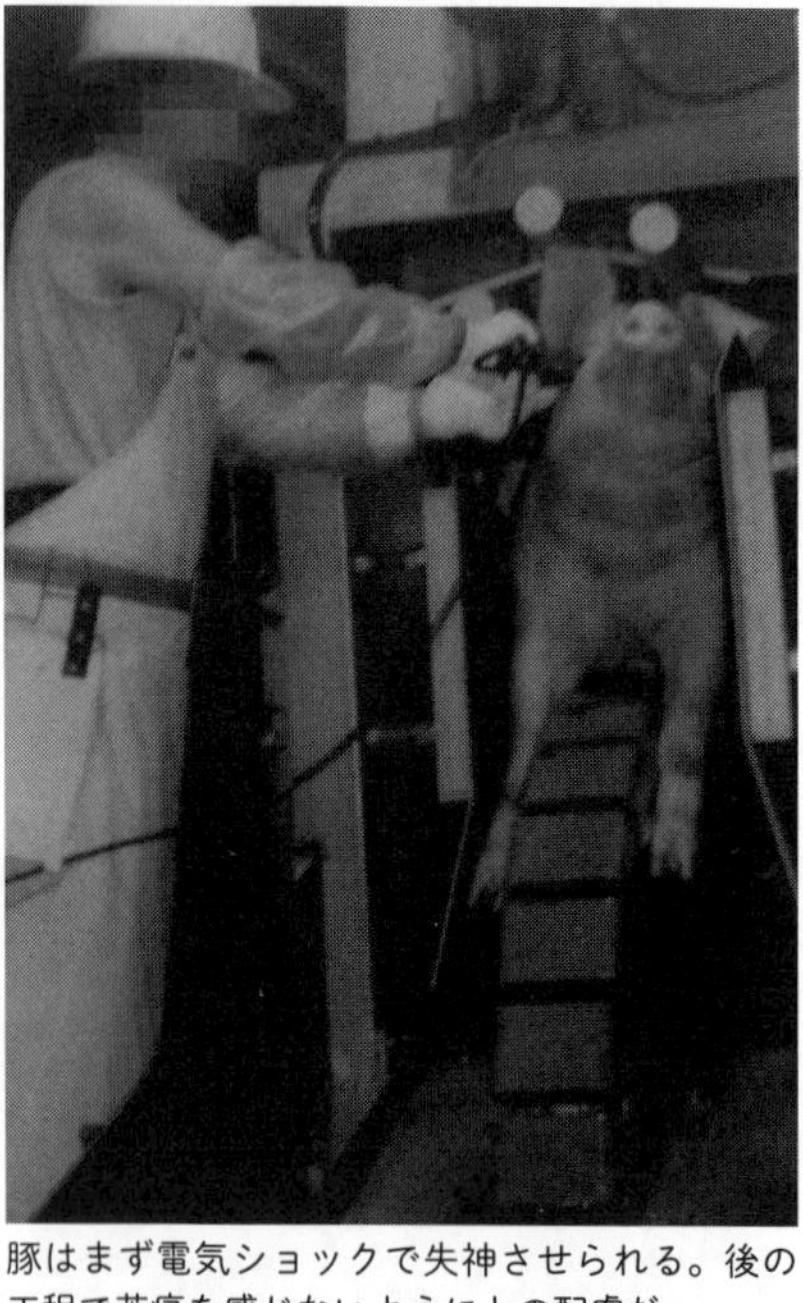

豚はまず電気ショックで失神させられる。後の工程で苦痛を感じないようにとの配慮だ

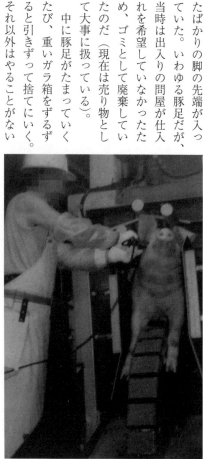

ので、先輩の後ろに立ってぼんやりと作業の様子を見守るだけだ。バチンバチン。

豚の解体作業がほぼすべて終わり、ようやく昼食時間に。質素な社員食堂には、大好きなショウガ焼き定食やカツ丼などのメニューが並んでいるが、さすがに今日ばかりはハシが進まない。火の通った肉片を見ても、思い出すのは先ほどまでの生々しい光景だ。

それは隣の新人も同じだったらしい。先ほどから真っ青な顔をしてジーッと皿の上の料理を眺めている。心の中でわかるわかると同情していたその矢先、彼が「うっ」と言って口を押さえた。手の隙間からテーブルの食器へゲロがとめどなくしたたり落ちていく。

午後からは牛の解体作業に加わり（といってもただの見学）、午後4時に仕事は終了した。

ぐったりとなって自宅へ。玄関のドアノブに伸ばした手をふと止め、くんくんと臭いを嗅いでみる。よし、大丈夫。ちょっと気にしすぎか。

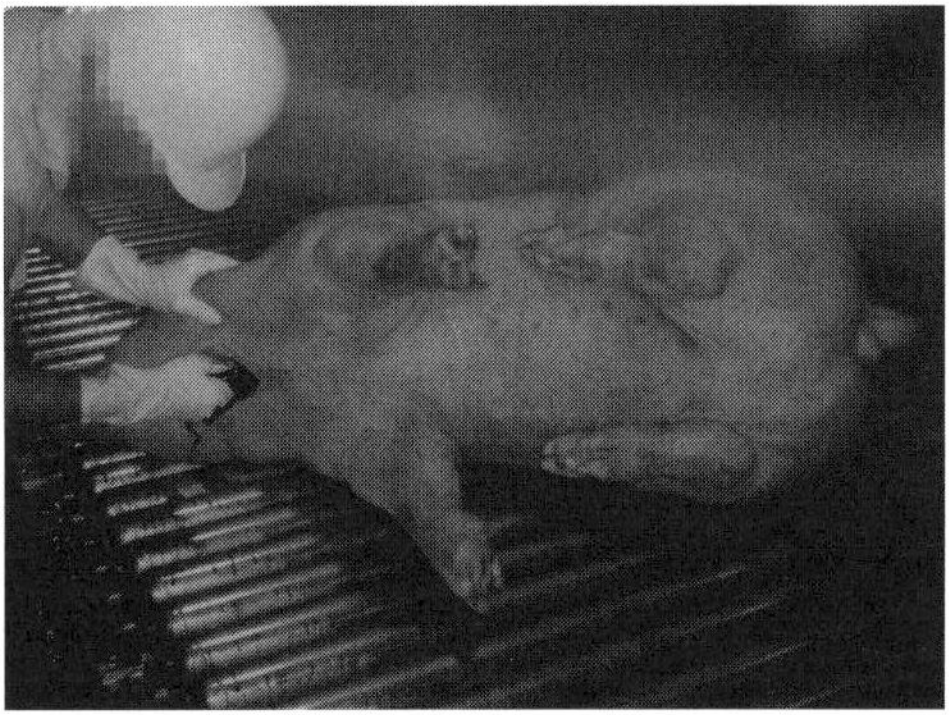

失神した後はただちにノドの動脈を切って放血を行う

馬にけっ飛ばされて骨折と内臓破裂

入社から2週間も過ぎると、処理場の雰囲気や臭いがまったく気にならなくなっていた。死んでいく家畜がかわいそうだとも感じない。もっとも、いちいち同情していては務まらない仕事なのだが。

ようやく本格的な作業に就くようになったのもちょうどこのころで、最初に私が任されたのは、通称『腱出し』。脚切りで切断した脚の周辺の皮をナイフできれいに切り取り、アキレス腱を剥き出しにする作業である。豚のアキレス腱は煮込み料理などにも使われる、コラーゲン豊富な食材なのだ。

しかしこの腱出しという作業、と畜解体

切断した脚の周りの皮を剥いでアキレス腱を剥き出しに。「腱出し」と呼ばれる作業だ

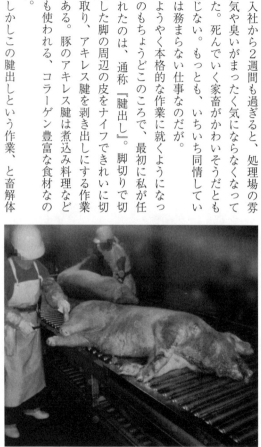

の基本中の基本と言われながら、実はけっこう危険度が高い。新人がまず最初に大ケガをするのはたいていこの段階なのだ。

腱出しをするようになってわずか3日後のことだ。その日、私は豚の脚を、1頭1頭おぼつかない手つきでさばいていた。ときどき、豚がビクッと動く。まだ完全に死んではいないため、反射運動を起こすのだ。

10頭、20頭と順調に作業を進めていった矢先、突然、目の前の豚がブルルンと大きく体を震わせた。

豚の脚がナイフの切っ先を蹴りとばす。

「アイタッ！」

慌ててナイフを放り投げたときはもう手遅れだった。ゴム手袋をはずして見れば5本の指とも腹の部分でザックリと切れ、白い脂が見えている。大量の血が流れ落ち、人差し指と中指は、傷が骨にまで達していた。ソク病院に駆け込んだのは言うまでもない。

翌日、包帯でぐるぐる巻きの姿で出社すると、事情を聞いた先輩が「良かったな、そのくらいで」と私の肩を叩いた。そのくらいで？　冗談じゃないっすよ。何針縫ったと思ってんすか。

ふくれっ面で抗議する私に、先輩がやれやれと首を振る。

「これが牛や馬だったら大変だったんたぜ。ほれ」

言いながら先輩がTシャツをめくった。肋骨の辺りがデコボコになってる。それってまさか…。

「昔、馬にけっ飛ばされて骨折したんだよ。内臓も破裂して死にかかったんだぜ」

牛の反射運動で全身血まみれ

1年後、臀部（尻）の皮剥き作業の専門者に任命された私は、さらにその翌年から、すべての工程を率先して受け持つようになった。

本来、専門の作業が決まれば、以後ずっとその分野以外の仕事を覚える必要は特にない。なのにそうしなかったのは、上の人間に自分が使えるやつだと思われたかった以上に、このと畜解体という仕事そのものがだんだんと面白くなってきたからだ。

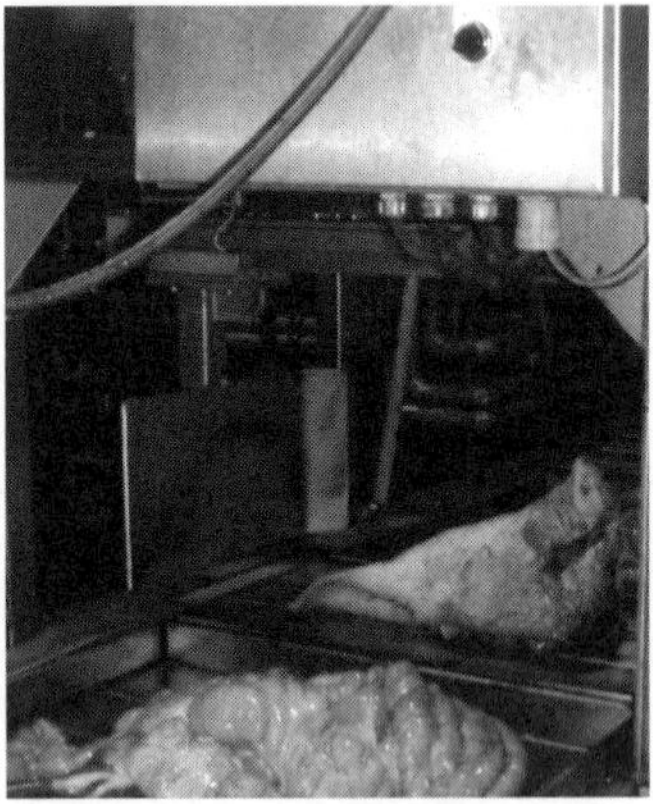

運ばれていく豚の頭部と内臓。すべて食材になる

と畜の解体は、職人芸的な性質が多分にある。とりわけ臀部、腹部など、手作業で行う剥皮作業には、熟練したワザが不可欠だ。脂肪や肉に傷をつけた時点で、商品価値がなくなるからだ。なので作業が上手くいったときは素直にうれしい。

ただし失敗すれば、加工工場のオヤジから雷をくらうハメに。

「バカ野郎！　オマエいくら会社に損害与えれば気が済むんだ！」

ま、こんなのはある意味、通過儀礼である。慣れてしまえば滅多にヘマをやらかすことはない。

もっとも、世の中に楽しいだけの仕事などありっこない。食肉処理の仕事にだって、きつくてツライ部分は当然ある。

個人的には、失神状態の牛の頸動脈を切る、放血作業がいちばんキツい。普通はホースか

首回り、腹部、臀部の皮剥きはエアカッターを使い、手作業で行われる。写真は腹部の皮剥き

ら水が出るように、ピューっとゆるやかに流血するのだが、牛が反射運動を起こすともう大変だ。擬音語で表せばドバドバ～ッとか、ブッシャ～という感じか。バケツを頭からかぶったように、全身血まみれになってしまうのだ。

牛の撲殺もなかなかシビアだ。

牛のと殺は、まずスタンニングボルト（鉄製の杭が飛び出す銃のようなもの）を頭に打ち込んで失神させたのち、放血によって失血死させるのが本来のやり方だ。

しかし、事前の検査で、ＢＳＥ（狂牛病）などの病気感染が疑われた牛は、ハンマーで頭部を粉砕して殺すのだ。下手したら商品にならないかも知れない牛に貴重な火薬を使うのはもったいない、というのがその理由である。

これがツライ。常にギャーギャー騒いでいる豚と違い、処理場に運ばれてくる牛はどうも自分の死期を悟っているように見えるのだ。上手く表現できないが、とにかく歩く姿に緊張感があるというか。

そんな牛をハンマーで殴りつけるとき、「可哀想」と感じるほどピュアな思いはさらさらないけど、胸のどこかが少しギュッとなってしまう。まだまだプロに徹し切れていないからかもしれない。

だから、この仕事に向いていないものは早々に去っていく。私の職場で言えば、10人いた同期のうち、3人は初出勤から1週間以内に辞め、2人は数カ月で姿を消してしまった。

合コンでの反応は純粋な驚きのみ

食肉加工という仕事を語るとき、どうしても避けて通れない話題がある。差別問題だ。〝穢れ〟の思想からか、自分はさんざん肉を食べておきながら、と殺の仕事は残酷と考える差別主義者がいることは私も知っている。くだらない偏見のせいで苦労している同業者もいることだろう。

しかし、私自身の経験に限って言えば、差別的な視線を感じたことはない。

ただ、周辺住民が食肉センターの存在を快く思っていないのは残念ながら事実だ。処理場から漂う悪臭が原因だ。カラス被害によるクレームも何度かあった。

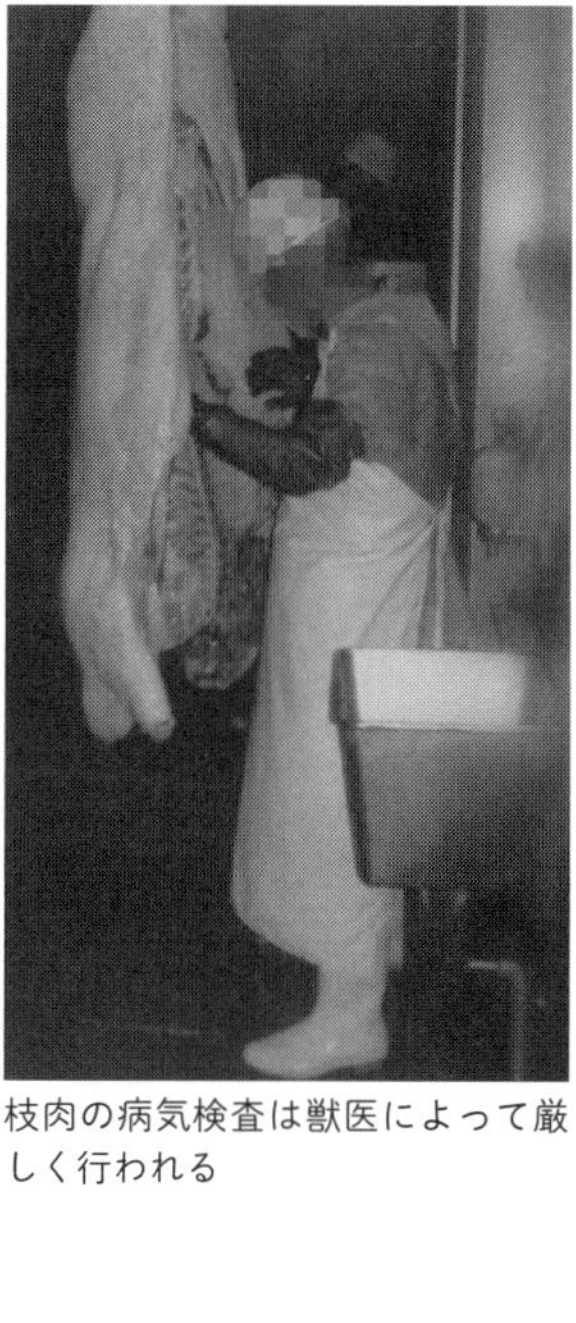

枝肉の病気検査は獣医によって厳しく行われる

敷地内のガラ保管所に集まってくるカラスの大群が、ついでに近隣農家の作物を食い荒らし、損害を与えるのだ。何度か事務のおばちゃんが電話口でペコペコする姿を見かけたことがある。

とはいえ、私個人にまで不快感をあらわにされた例は一度もない。それは同僚の男たちとよく開催した合コンでも一緒だ。

「お仕事は何してるの？」

初対面の女性に必ず尋ねられる質問に、私たちはいつもフツーに答えていた。

「食肉センターで働いているんだよね」

「え～何それ。お肉屋さんみたいなもの？」

「ていうか、牛や豚を殺して肉にするところかな」

ここまでハッキリ言っても、妙な空気には決してならず、返ってくるのは純粋な驚きのリアクションだけだ。

「うっそ～、マジで～⁉　怖くないの～？」

ちなみに現在、私には5つ年下の妻がいる。彼女との馴れ初めもまさにこんな感じの合コンで、2年の交際を経て結婚に至った。

★

食肉センターに勤務して今年でもう13年。これまで食卓に届けた肉はどれほどの量になるだろう。

みんなが美味い美味いと食べてくれていれば、こんなにうれしいことはない。肉になった豚や牛もきっと同じ気持ちだろう。って、それはちょっとおセンチすぎるか。

スーパーに並ぶ鶏のもも肉や胸肉のパック詰めを見て、それらがもともとは生きたニワトリだったと実感する人はどれくらいいるのだろう。おそらく大半の人は、鶏肉ははじめから鶏肉としてそこにあるかのような錯覚を抱いているのではなかろうか。

その理由のひとつは、ニワトリを殺し、食肉に加工する食鳥処理という仕事が、あまりにも認知されていないことにあると俺は思っている。

焼き鳥や照り焼きチキンを例に出すまでもなく、日本人は鶏料理が大好きだ。だったらこの際、その材料となる鶏肉がいかにして作られるのか知っておくのも悪くないはずだ。

食鳥処理場の作業員である俺が、案内役を務めよう。

絶対に美味い食材を扱う誇りを胸に

今日も俺は鶏の首を刎ねる

あとから後悔しても知らねーぞ

リポート
吉田徹夫（仮名）
38歳、東日本在住

『裏モノJAPAN』2015年8月号掲載

4年前、34歳の春。それまで勤めてきた町工場が倒産し、ハローワーク通いを余儀なくされた。

しかし過疎化が進む片田舎のこと、もともと働き口が少ないうえに、中卒でロクな資格もない30半ばの男に、まともな転職先などあるはずもない。

ハローワークで提示された案件は、し尿処理施設と食鳥処理場の作業員、その2つだけだ。なんてこった、クソ取りと鶏を殺す仕事しか選べないなんて。覚悟はしていたものの、やはり現実は厳しいものらしい。

さんざん迷った挙げ句、食鳥処理場の面接を受けることにした。人間の汚物にまみれる業務より、殺生が絡むとはいえ人間の食い物を生産する仕事の方がまだマシと考えたからだ。

面接当日。はじめて訪れた処理場は、トタ

ン張りされた平屋の大きな施設で、敷地に踏み入れる前から独特の異臭をほんのりと漂わせていた。どう表現すればいいのか、とにかく何かが腐ったような不快なニオイだ。

処理場の隅にちょこんと併設された小さな事務室に入ると、人のよさそうな50がらみの男が迎え入れてくれた。社長の息子で、専務を務めている人物らしい。

簡単な挨拶の後、仕事のあらましについて説明を受けた。

就業時間は午前5時から午後2時まで。ただし実際は毎日残業が2～3時間あるため、帰宅は午後5時ごろになるそうだ。しかし午前5時出勤とはやけに早いな。ちゃんと起きれるかな。

そんな不安がつい表情に出てしまったのか、専務が付け加える。

「鶏肉っつーのは殺してから10時間後くらいが一番おいしくなるんよ。だから夕飯の買い物どきに合わせて出荷するとなると、どうしてもその時間帯になるわけ」

肝心の月給は16万、ボーナス（給料2カ月分）が年に1回。年収にして200万ちょいという計算だが、これに関しては前職の待遇とほぼ同水準なのでさして不満はない。

それよりも気がかりなのは、実際の作業内容だ。ニワトリを殺すって言うけど、いったいどうやるんだ？　あまりにグロい方法なら考え直す余地アリだぞ。

「あー、それは心配しなくていいよ。昔は直接人間の手でツブしてた（殺してた）んだけど、今日日は全部機械がやってくれっから。吉田くんはラインの側についてるだけでいいよ」

ほっ、よかった。

「ただし、死んだ後の解体は手作業だからそのつもりでな」

「あ、はい」

自宅に帰ってまもなく、面接合格の電話が入り、めでたく2日後に出勤することになった。だが、その結果を同居の両親に伝えたところ、思わぬ反応が。

「おめえ、何でまたよりにもよってそんなとこに転職したんだ。俺にひとこと相談してくれてもよかったろ」

父の言いぐさにカチンときた。この就職難のさなか、せっかく仕事が見つかったってのにそれはないだろ。

「しょうがねえじゃん。他にいい仕事もなかったんだしよ」

「…まあたしかに、今さら言っても始まらねーやな。でもあとから後悔しても知らねーぞ」

どうも食鳥処理という仕事に偏見を持っているようなフシがある。まったく、古い人間ってのはこれだから困っちゃうよ。

ニオイの正体は鶏の頭や内臓の腐敗臭

迎えた初出勤日。睡魔を押し殺して事務室に顔を出すと、新人担当の初老スタッフがみんなに俺を紹介してくれた。

「今日からウチで働くことになった吉田クンです。わからないことだらけだろうから、彼にいろいろと教えてやってちょうだい」

けだるそうに「はい」と答える十数人の顔ぶれのほとんどは中年の男女で、中には南米出身っぽい外国人もちらちら混じっているが、20代の作業員は1人もいない。よっぽど若者に不人気な職場なのかも。

担当さんに案内され、工場内へ。途端にぷーんと悪臭が鼻をつく。アンモニアと腐った卵のニオイが混じったような強烈なヤツで、工場の外で嗅いだときよりも、ゆうに3倍はキツい。おえっ。

涙目になる俺に、担当さんがさもおかしそうに話しかける。

「クサイか？　処理場は廃棄物が大量に出るから、これぱっかりはしょうがないな。でも3日もすりゃ慣れるさ」

廃棄物とは鶏の頭やモミジ（足）、血液、骨、その他売り物にならない内臓の一部を指すらしい。これでも一応、脱臭機は設置しているとのことなので、実際の臭気はさらにえげつないのだろう。夏場を想像するとゲンナリだ。

処理場の入口付近には、積み上げられたプラスチック製の大きなカゴの山がいくつも置かれてあり、そこからコココ、クワクワと鳴き声が聞こえる。生きたニワトリが入っているのだ。

「あれがブロイラー（食用の若鶏）ね。ついさっき養鶏場から届いたんだ。じゃ、ぼちぼち仕事の説明に入るよ」

担当さんいわく、大まかな作業の流れは以下のようになるらしい。

①掛鳥と電気ショック

ブロイラーの足をシャックルと呼ばれるフックに掛け、機械で電気ショックを与え失神させる

②放血

別ラインのフックにブロイラーを取りつけ直し、自動カッターで頸動脈をカット。放血用トンネルをくぐらせて失血死させる

③湯漬け

羽根を抜きやすくするための準備工程。64度のお湯に1分弱つける

④脱羽と毛焼き

ローラーで脱羽（羽根を抜く）した後、残った細かい毛をバーナーで焼く

⑤ネックとモミジのカット

専用の自動カッターで頭部と足をそれぞれちょん切る

⑥加工場で解体

処理場内に併設された加工場で鶏体を部位ごとに切り分ける

全行程のうち作業員が鶏に直接触れるのは①、②、⑥だけで、③〜⑤は同じライン上で機械が自動で行う仕組みだ。

ちなみに、食鳥処理場はその処理能力によって大きく2種類に分類され、ブロイラー

の年間処理数が30万羽を超えるものは大規模処理場、30万以下を小規模処理場と呼び、この処理場は後者にあたる。1日あたりの処理数が1000羽だからだ（工場の年間稼働日数＝約260日）。

レインコートが返り血で赤く染まり…

その後の約2時間はヒマとの格闘だった。なんせ与えられた仕事というのがラインの監視で、シャックルから鶏が落ちていないかだとか、機械に不具合がないかだとか、そんなことに目を光らせるだけなのだ。しかも、そんなアクシデントなどまるで起きないので、手持ちぶさた感がハンパない。

ただ、ラインを端から端へ行き来していると、ゾッとする光景が何度も目に飛び込んできた。

ひとつは鶏が自動カッター内部を通過する際だ。首切りの瞬間こそ目視できないが、鮮血が機械の外に飛び散り、そばにいる作業員にプシュ、プシュと降りかかるのだ。返り血対策に着用している彼らのレインコートやマスクが徐々に赤く染まっていく様はちょっとしたスプラッターである。

ネックカットの工程も負けず劣らずグロい。すでに死んでいる鶏とはいえ、次から次へと頭が切り落とされ、廃棄用の穴にコロコロと転げ落ちていくのだ。その光景のインパクトもさることながら、鶏の首を機械的にちょんぎっていくこの無機質な工程そのものに言いしれぬ不気味さを覚えた。

午前7時過ぎ。1000羽の処理が終わると、解体作業がはじまった。もっとも、肉の切り分けにはそれなりの技術と知識が不可欠なため、新人の俺は見学するだけだ。

鶏の解体に関して、この工場では外剥ぎという方法を採用している。鶏の体を外側、つまり皮から順にもも、胸、ささみ、手羽を切り取っていき、最後に肛門から内臓を引っ張り出すわけだ。

文字で読むと生々しい印象を持たれるかも知れないが、実際のところ、この段階にきた

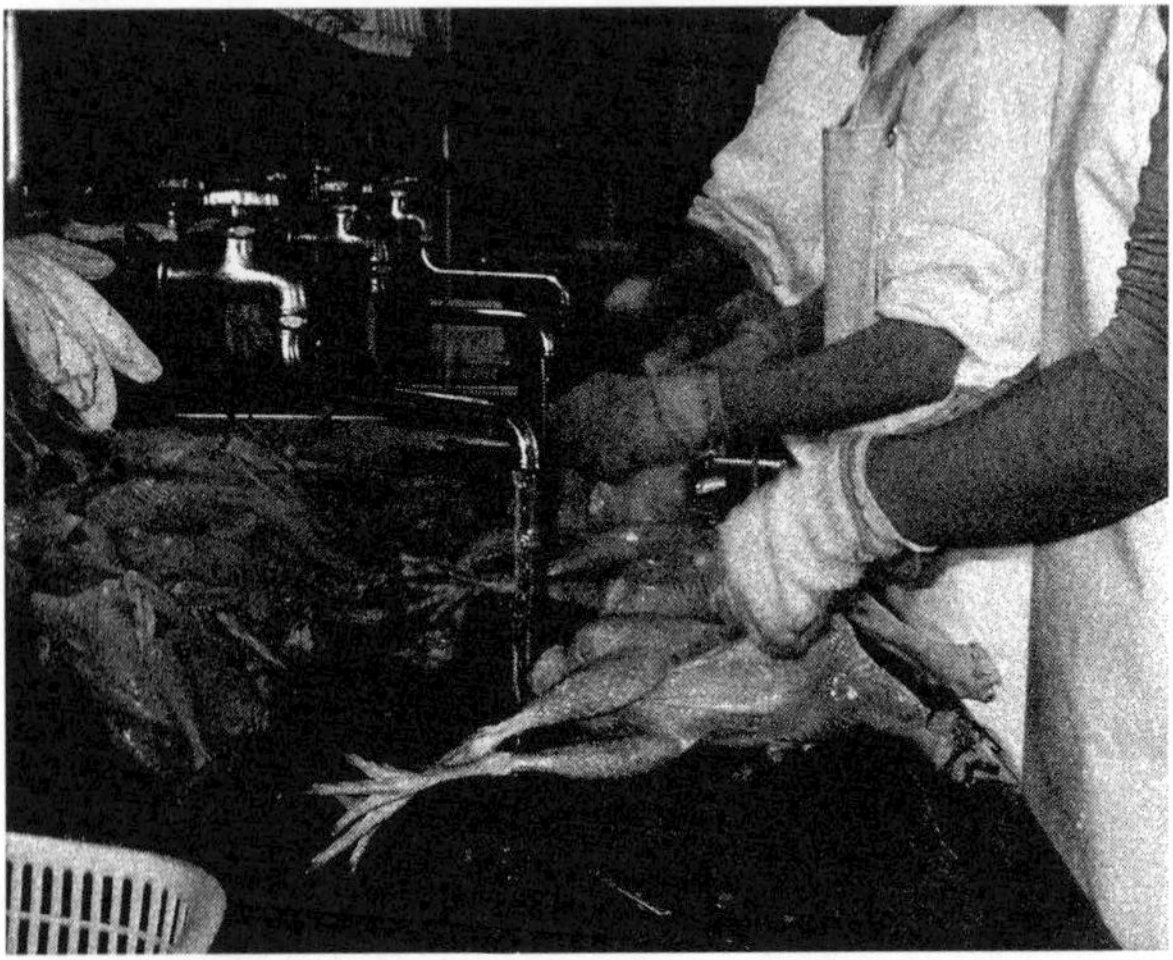

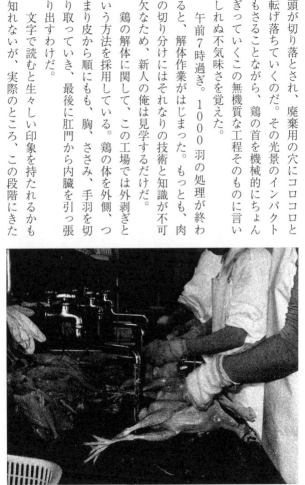

鶏はすでに調理前の北京ダックのようなただの肉塊となっている。心理的な圧迫はほとんどなく、むしろ、先輩作業員たちの鮮やかなナイフさばきに俺は感心しっぱなしだった。

切り分けた肉を卸業者に出荷し、機械の点検や油差しなども終えた午後4時半、ようやく帰宅となった。

顔をタオルで拭い、さっぱりした様子の担当さんが口を開く。

「吉田クンどうだった？　意外と簡単な仕事だろ？」

「解体作業の方は慣れるまで少しかかりそうですけど、他はまあ、なんとかやっていけそうです」

殺生の二文字を意識してしまう

初日は単純な流れ作業に思えた鶏の処理工程（前述の①〜⑤参照）も、2日目以降、本格的に業務に取りかかるようになると、想像以上に大変なことがわかった。

処理工程は、作業員が数日おきに各工程を交代で受け持つルールになっているのだが、たとえば工程①では鶏がバタバタと激しく動くため、足をフックに掛けるのが非常に難しい。

その点は工程②も同様だ。電気ショックで失神させているとはいえ、時々、いきなり羽根をバタつかせる鶏が少なからずいるのだ。フックに足を掛ける際、予期せぬ動きにビックリした挙げ句、鶏を床に放り投げるなんて失態を何度繰りかえしたことか。

しかしそれ以上に俺がこたえたのは、就業開始直後に必ず起こる、ある現象だ。電気ショックをかけるべく、最初の鶏をカゴから取り出した途端、他の鶏たちが一斉に騒ぎはじめるのだ。

鶏の知能程度では、いまから我が身に何が起きるかわかるはずもないのに、なぜかまるで「助けてくれ」と言わんばかりに鳴き出す。中には興奮のあまり卵を産むめん鳥もいて、とにかくそうした有様を目の当たりにすると、殺生の二文字を意識してしまう自分がいるのだ。決して鶏に同情するわけではないが、胸

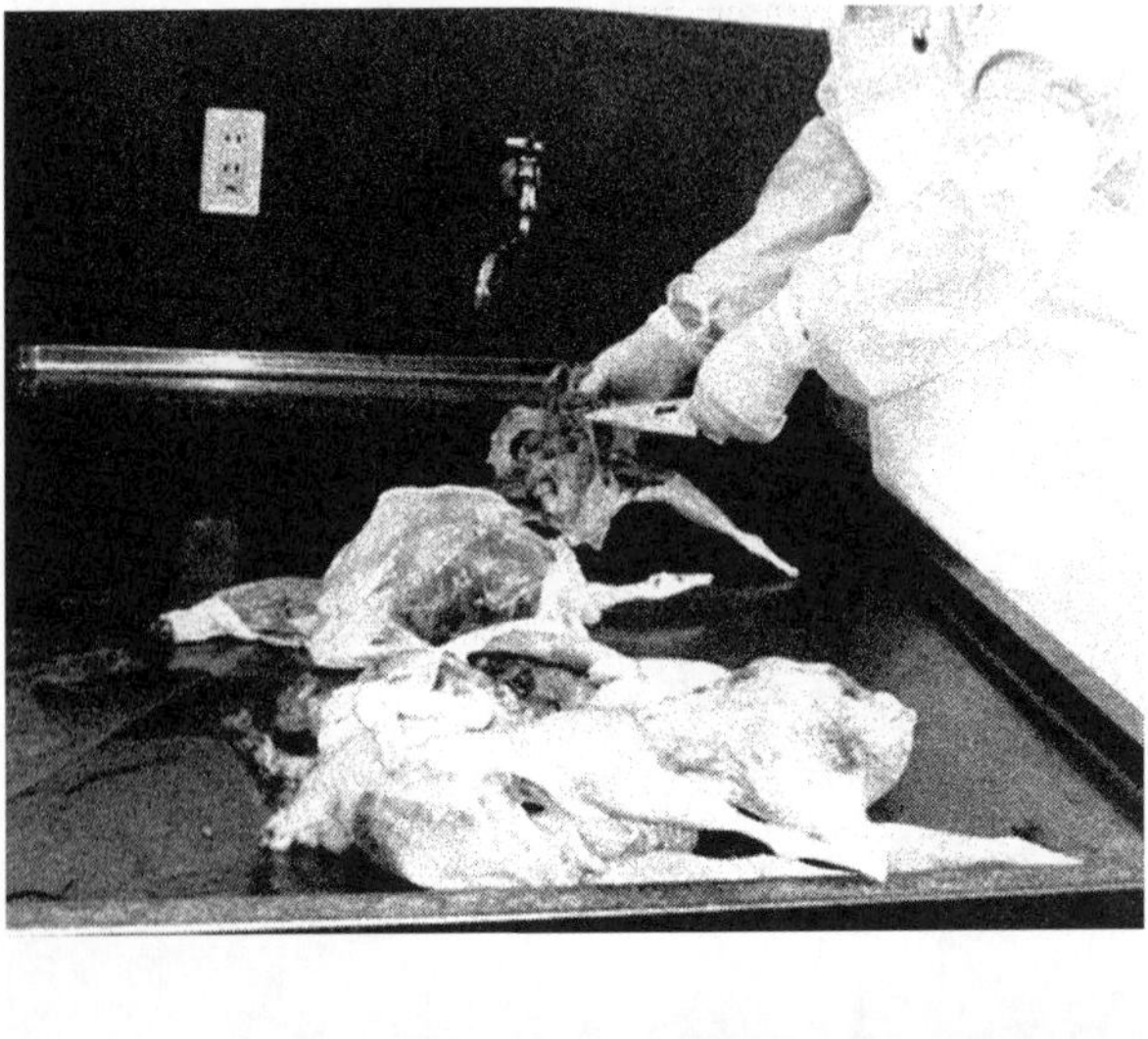

に暗いモヤのようなものがかかるというか。

入社から10日ほど経ったその日、いつものようにライン上で作業をしていたところ、1人の先輩に声をかけられた。

「吉田、ちょっと来て」

先輩に連れてこられたのは処理場の奥にある小さな部屋で、そこに足を踏みいれたのははじめてのことだった。

「鶏を電気にかけるとき、でかすぎる鶏と小さい鶏はラインに乗せないでよけてるじゃん？　あれってその後どうしてるかわかる？」

この処理場のラインは体重約3キロの鶏を想定して設計されており、その都合上、それ以外のサイズのものはフックにかけない決まりになっている。規格外の鶏は数で言えばおよそ全体の1〜2％（10羽〜20羽）に過ぎないが、はて、確かにどうしてんだろ。まさか廃棄するはずないし……え、まさか。

「そう。直接、俺たちで処理するのよ。近ごろ仕事にも慣れてきたようだし、そろそろおまえもやんなきゃな。やり方教えてやるよ」

あとで知ったことだが、新人にいきなり直潰し（人間の手で鶏を殺すこと）をさせると、辞める恐れがあるため、会社側はあえてこの作業のことを伏せていたらしい。…うわ、マジかよ。

包丁で首をサク、サク、サク

先輩の指示に従い、カゴに入った10数羽の鶏を、室内に張られた洗濯ひもに吊し、次々と羽交い締めにした。羽根を背中でクロスさせた鶏は身動きが取れず、おとなしくなるのだが、ほどなく準備が終わると、先輩がとんでもないことを言い出す。

「いきなりネック（首）切り落としちゃっていいから」

「え、この段階でですか？」

食用の鶏は本来、失血死でゆるやかに殺し、

そののち首を切り落とすのが普通だ。いきなり首を切断して絶命させると、鶏にストレスがかかり、肉質が落ちてしまうからだ。

が、先輩は、ラインからあぶれた鶏に関してはそれでいいと言う。肉質より作業の効率を優先させるためだ。

「手作業でいちいち気絶させて、失血死させて、なんてやってると時間がかかっちゃうだろ。それにたったの10数羽だしな。はやくパパッとちょん切っちゃいな」

ゴクリをツバを飲み込み、頸動脈に当てたナイフを思いっきり手前に引く。

サク。

ナマの大根を切ったような、しかし何かとてつもなく不快な感触が包丁を持つ右手に伝わり、鶏の首がころりと床に落ちた。同時に、着込んでいたレインコートにはピピッと返り血が。うう…。

「よし、オッケー。はじめてにしてはウマイじゃん。はい次、次！」

先輩がやけに大きな声で急かす。まるで余計なことを考えさせまいとワザとけしかけているかのようだ。

ふうっと息を吐きながら2羽目の首を持ってサク。3羽目もサク。さらにサク、サク、サク——。

すべての首を切り終えた後は、これまた手作業で血抜き、脱羽、もみじカットを行い、1時間ほどで処理は完了した。たちまち押しよせる疲労の波。はあ、何だか体が重い…。

その晩、自宅の食卓にたまたまチキン南蛮が出たのだが、それを見た瞬間、腹ぺこで帰宅したにもかかわらず、一気に食欲がなくなったのには我ながら驚いた。こんなこと、この仕事に就いてから一度もなかったのに。意外と俺も繊細なんだな。

ああいう仕事をしてると奇形児が産まれるって言うじゃない

やがて1年、2年と時は過ぎ、いつのまに

か俺も一人前の食鳥処理作業員に成長していた。通常の処理作業はもちろん、苦手意識のあった手作業でのツブしもラクラクこなせるように。さらに解体作業にいたっては新人（といっても年上だが）に手ほどきするまでに上達した。慣れてしまえば、これほどラクチンで安全な仕事は他にないかもしれない。

一方でその頃はプライベートも絶好調だった。入社から3年、37歳のとき、以前から交際していた女性との間でにわかに結婚話が持ち上がったのだ。彼女は8つ下の29歳。できれば三十路になる前に籍を入れようかと、どちらからともなくそんな雰囲気になったわけだ。

しかし、スーツ姿で彼女の両親に結婚を申し込みにいったところ、まったく予想もしない展開が。彼女のオヤジが目をパチクリとさせて言うのだ。

「申し訳ないけど、娘をヨメにやることはできないな」

「どうしてでしょうか？」

ふう〜と、鼻から長い息を吐いてオヤジが答える。

「キミの仕事ってたしか、と殺関係だよね」

「はい、正確には〝と鳥〟と言うんですが…」

「ああ、そうか。とにかくああいう仕事してるとさ、奇形児が産まれるって昔から言うじゃない。もちろん僕は迷信だと思うよ。思うけども、万が一ってこともあるからね」

開いた口がふさがらなかったが、結局、この一件で結婚の話は白紙になった。いくら仕事について理解を求めても、彼女の両親の誤解はとけなかったのだ。

東京のような都会ではちょっとあり得ないことかもしれない。しかし、田舎には、特にそこに住む年配連中には、まだまだこういった職業差別が深く根づいているのだ。食鳥処理場に転職を決めた際、俺のオヤジが嫌味たらしく忠告したのも、つまりはそういうことなのである。

また差別意識とは別の観点で、この仕事に嫌悪感を示す人たちにも俺は会ったことがある。かつて地元の農業高校で、と鳥実習の講師として招かれたことがあるのだが、その際、何人かの女子生徒に涙ながらにこんなことを言われたのだ（と鳥した鶏は生徒たちがヒナから成鳥に育てた）。

「将来、どんな職業に就くかわからないけど、こんな残酷な仕事だけは絶対したくありません」

結婚を反対した彼女の両親にしろ、自分のオヤジにしろ、農業高校の生徒たちにしろ、俺にはまったく理解できない。食鳥処理を否定するその口で、あんたらは日々、焼き鳥やカラアゲを美味い美味いと食べているんじゃないのか？

★

いつだったか、世界中を旅する日本の冒険家がテレビでこんなことを言っていた。

「旅先で現地の料理を食べると、口に合わないものはたくさんある。でもどんな国でも鶏肉の料理だけは絶対に美味いんだよ。例外は一切ないの」

それほど鶏肉は食材として優秀だと彼は言っているのだ。

だからというワケではないが、いま俺は食鳥処理という仕事に誇りすら感じている。今後、スーパーで皆さんが鶏肉パックを手に取る際、ちらっとでもこのリポートのことを思い出してくれれば、これほどうれしいことはない。

−25℃の職場

世の中には過酷な仕事が存在する。
大量のノルマ。
深夜労働。
高所作業。
などなど数え上げればキリがない。
本稿で取りあげるお仕事の敵は、
ズバリ『寒さ』だ。

リポート
池田義人（仮名）
46歳、千葉県在住

『裏モノJAPAN』2015年5月号掲載

だんだんと目が開かなくなってくる

平成16年、35歳の夏、運送会社を辞めたばかりのオレは、地元からほど近い冷凍倉庫でバイトすることにした。

この冷凍倉庫は物流会社が持っているもので、アイスや冷凍食品、加工食品などを一挙に集めてそこから各店舗に配送するためのいわば中継地点のような場所だ。

面接後すぐに採用になった。仕事内容は、冷凍倉庫の中での商品仕分けだ。

初日朝、現場に到着したら社員さんから大げさな服を渡された。

「じゃあこれ作業着ね」

　雪山で使えそうなフードつきのコートとモコモコのズボン、そしてスキー仕様の手袋だ。まあ冷凍倉庫っていうぐらいだしこれぐらい厚着したほうがいいんだろう。Tシャツ短パンの上からそれらを着込み、倉庫に入る。

　衝撃はいきなりやってきた。鼻先に激痛が走り、少し遅れて全身に寒気が襲ってくる。思わず「うわっ！」と声をあげてしまった。マジかよ、こんなに寒いの？

社員さんについていく形で歩き

出すも、前方から寒気がぶつかってくるせいで、一気に下っ腹が痛くなってきた。

「じゃあまずは仕分けね。ここの段ボール箱の中身を出してチェックしてくれる？」

指示に従って段ボール箱に手を伸ばし、箱一杯に詰められたアイスクリームをいくつかのカゴに入れていく。

単純作業のせいか、それともやっぱり異常な寒さのせいなのかわからないが、だんだんと目が開かなくなってくる。

1時間もしないうちに休憩時間がやってきた。倉庫を出た瞬間に今度は異常な暑さを感じる。

社員さんに尋ねてみた。

「あの部屋って何度ぐらいなんですか？」

「マイナス25℃」

と聞いてもピンとこなかった。後で調べれば、自宅の冷凍庫がだいたいマイナス15℃～20℃ぐらい。日本国内の自然界でその気温を体感することはまずなく、冬の札幌の夜の気温でだいたいマイナス10℃前後らしい。

「だから45分やったら15分休憩入れる決まりなんだよ。そうしないと凍えちゃうでしょ？アハハ」

…たしかに。よくわかんないけど顔の筋肉が動かしづらくて口を開けるのもぎこちないし、指もカチコチのままで感覚がない。

この作業を8回繰り返し、日当9千円。割がいいのか悪いのか…。

急な吐き気のためゲロ用のゴミ箱が

倉庫は24時間稼働してるが我々の仕事は、日勤・夕勤・夜勤の三交代制だ。それぞれ7、8名ずつで対応し、オレは朝9時から夕方6時までの日勤に入ることになった。

数日間働き、おおよその流れがわかってきた。

この会社にある倉庫は2つ。〝チルド〟と呼ばれるマイナス5℃程度のものと、オレが働く〝フローズン〟だ。フローズンの中にもランクがあり、この会社にはマイナス25℃のF1級しかないが、よそにはさらに低温のF2、F3などもあるらしい。

出勤すればタイムカードを押し、着替えて入室。するとすぐに顔に痛みが訪れる。防寒服を着てフードを被ってるが顔はモロ出しだからだ。

遅れること数十秒で全身に寒気がやってくる。ちょっと手を動かすだけで冷たい針が刺さるような感覚がずっと続く。

仕事内容は、かいつまんで言えば、手作業による段ボール箱の荷下ろしにすぎないのだが、入室まもなくで、物を持つことが困難になってくる。5キロほどの段ボール箱が何倍もの重さに感じられるのだ。寒さで筋肉がヘンになってるんだろう。

20分ほど経つとどういうわけか異常な眠気が襲ってくる。そして作業中に一応は汗をかいてるらしく、それが冷えてさらに寒気が止まらなくなる悪循環。本当に気を失いそうになる。吐き気がやってくるのもこのころだ。理屈はわからないけど腹の底から上ってきてゲーっと吐いてしまう。そのため現場にはそれ用のゴミ箱が用意されている。

入室して30分で、まぶたの動きが鈍くなる。目から涙が止まらず、それが凍って氷柱状になったりもする。

カラダが硬直してきたところで例の15分休憩がやってくる。休憩室ではすぐにカラダに熱を帯びてきて、汗をかくほどだ。

こんなことを1日8回（昼休憩を抜いて）やって終了。

たまたま夏に仕事を開始したこともあり、外気は夜でも30℃近く。倉庫との差は55℃になる。おかげで体調はむちゃくちゃになった。

すぐに風邪をひき、鼻水が倉庫内でカチコチになって息苦しくなる。それをはがそうとすると皮が剥けて血が出てくるし、唇もカサカサして少し触るだけで血が流れてくる。

オレだけの話じゃなく、一緒に働く作業員みんながそうだ。誰もが唇カサカサ、鼻の穴は切り傷だらけの痛々しい顔になっている。

こんな現場なのに作業員には女子も数人いるのだからタフというかなんというか。

バイトが10分後に消えている

春になり正社員採用されることになった。なぜか。

理由は単純に「続いてる」からだろう。

この仕事を始めてから、逃げ出した人間を何人見てきたことか。バイト初日のヤツが冷凍倉庫に入って10分後に消えているなんてことはザラだ。

バックレるのはなにもバイトだけではない。その春、新卒入社組の5人が研修にやってきた。最初は現場（冷凍倉庫）で仕事を覚え、後に管理業務にまわるらしい。

彼らにとっての初日。いきなり冷凍倉庫に投入され、全員が大きな声をあげた。

「サムっ!!」

「正気かよ！」

「キャー!!」

初日の午後、昼飯中に現場リーダーが声をあげた。

「あれ、○○と××は？」

新卒2名の姿が見えない。慌てて電話したようだが結局連絡はつかなかった。なんと、研修初日の午前で逃げ出したのだ。

残った3人のうち、さらに2人が1週間以内に退職希望の旨を伝えて去っていき、最後の1人も1カ月続かずにやめていった。

最後の彼は休憩中にこんなことを言っていた。

「人間の働くとこじゃないっすよね。病気とか大丈夫っすか？　マジで検査してもらったほうがいいですよ。池田さん、なんか顔コケてません？」

…たしかに、頬に黒ずんでる部分がある。安田大サーカスのヒロみたいな感じだ。入社前はなかったものだけど…。

こんな調子だからウチの会社は年中、求人募集をかけている。入ってくる人間で半年続くのは1

人、2人ぐらいの世界だ。

1年で体重が10キロ減

冷凍作業員になって1年ほどが経ったころ、久々に高校時代の友人達と飲みにいくことになった。

待ち合わせの駅前で友人が口を大きく開けて固まっている。


「……池田？　大丈夫かよ」

「は？　なにが？」

「オマエ痩せすぎじゃね？」

たしかに体重はガッツリ落ちていた。入社当時は75キロでぽっちゃりしていたのに、そのころは60キロを切っていた。

はたして冷凍倉庫のせいなのか。寒い中で動くためにカラダがカロリーを消費してるってことなのかもしれない。

ちなみに現在のオレの体重は42キロしかない。身長は175センチ。やっぱり寒さのせいかも。

友人達全員が揃って居酒屋に入ってからも、話題の中心はオレの容姿についてだ。

「顔の色ヤバくない?」

「なにが?」

「なんか紫色じゃん。その仕事ってなんかマズイんじゃないの?」

「んなことねーだろ。普通にメシとか食ってるし」

強がってみたものの、「顔色が紫」と聞いて内心ドキドキしていた。自分では気づかなかったけどそうなのか?

翌日、仕事場で他の作業員の顔を確認してみる。たしかに赤黒いというか紫に近い色だ。

「あの、オレらって顔が紫色になってるんすかね?」

「あ? あー、よく言われるしそうかもな。でもさ、スキー場とか行っても赤くなったりするじゃん。それと一緒なんじゃねーの?」

いや、それは雪ヤケだから違うと思うけど…。

オレなりに調べてみたが、紫になるのはおそらく凍傷の症状のひとつと思われる。現場ではマスクなどしていないため、それが顔にあらわれるのだろう。

全身が硬直して
冷凍マグロのように

入社して5年ぐらい経ったある日、大事件が起こった。

お盆のある日。この時期ウチの会社では物量がガクンと減り、深夜勤務がなくなる。この日は夜8時ぐらいになってオレを含めた全員が倉庫から出て退勤していった。

しかし、誰もいないと思われた倉庫に残っていた人間がいたのだ。閉じ込められることがないよう細心の注意が払われているというのに。

「5人入って、5人出てきた」みたいなチェックこそしていないが、入退出はタイムカードで把握できるようになっている。万が一閉じ込められたとしてもドアは内外どちらからでも開けられるし、壁に設置された自動ロック制御のシステムも双方向から動かせる。

さらに警備員が1時間に1回の見回りをする徹底ぶりだ。この日も作業員や事務の人間は帰宅していたが、警備員だけは通常どおり業務を行っていた。でも閉じ込められたのだ。入社したての20代後半の兄ちゃんが。

これは非常に偶発的な事故だった。

まず、彼はオレたち作業員が撤収するずいぶん前から倉庫奥の資材置き場で動けなくなっていた。腹痛と手足のしびれにより倒れこんでいたわけだ。場所柄そこに人が来ることは少ないために誰も気づかなかった。

だんだん意識が朦朧とする中でいちおう大声を出したらしい。だけどそんなのは聞こえるはずもない。全員フードを被って仕事しているから倉庫内ではなかなか声が届かないのだ。

午後10時ごろ、つまり倉庫内に1人きりで残されて2時間後、彼は見回りの警備員によって発見された。

すぐに救急車が呼ばれ、全身が硬直して冷凍マグロのようになった彼は搬送された。

こういった事故は5年に1回ぐらいは起こって

しまうものらしい。幸い彼は死に至らなかったものの、呼吸器系に障害が残ってしまったそうだ。

思うように
ペンを運べない

カラダの変化はみるみる加速していった。その最たるものが指だ。

きっと凍傷なのだろう。毎日指の感覚はなく、仕事が終わって帰りの電車に乗り、40分ほどで地元駅に到着するころ、ようやく治るほどだ。

それにくわえて慢性的に動きが鈍くなったように思う。文字を書こうとペンを動かすとき、思ったような運びかたが出来なくなった。字がヘタになったなぁと実感したのはケータイの機種変手続きのときだ。

受付のお姉ちゃんが言うのだ。

「すいません、審査が通らない可能性があるので、もう少しキレイに書いてもらえますか？」

自分の名前ですらこうなので他の文字なんてもっとヒドイ。

ケータイと言えばメールを打つのもひと苦労だ。「あ」を押すつもりが「ま」になってしまったり、フリック入力（指をなめらかに動かす文字入力方式）なんてとてもじゃないが出来っこない。

だけど自分はまだいいほうだ。凍傷になって指を切る人もときどきいるし、バイト初日で手の指すべてが青紫になって凍傷と診断されたヤツだっていた。

年を取ったせいもあるだろうが、作業中に膝とヒジが割れるように痛いのもしょっちゅうだ。

「生理が3カ月も来てなくて…」

こんな状況でもときには笑えるようなコトもある。

3年ぐらい前、大学生カップル同士で来たバイトがいた。

2人はいつも仲良さそうにしていた。休憩中は手を繋いでるし、ときどきチュッとやってるのも見たことがある。「こんなとこでヤルなよ」と呆れていたものだ。

そんなある日、倉庫内がいきなりバタバタしはじめた。作業員たちが走って出て行き、しばらくして救急隊員が入ってきたのだ。なんだなんだ？

隊員によって担架に乗せられていたのは例のカップルだった。唇がくっついたまま泣きじゃくっている。

どうやら冷凍倉庫内でキスしていたところ、瞬間的に凍ってはなれなくなってしまったらしい。

この一件をきっかけに『倉庫内キス禁止令』が出されたときは笑ってしまった。

それにしても、こんな過酷な現場に女性がいることは、オレにとっては驚きでしかない。

ある女性作業員に相談されたことがある。

「あの、すごく言いづらいんだけど聞いてもらえませんか?」

「どうしたの?」

「この会社に入ってからね、生理がオカシクなったの。今じゃ3カ月も来てなくて…どうしよう」

彼女は24歳で結婚している。半年前からウチで働きはじめたのだが、生理不順にはじまり、ついにそれ自体が来なくなったそうだ。「ワタシは絶対ここのせいだと思ってます。だって他に原因は思い当たらないし…」

「病院に行ってみたほうがいいんじゃない?」

「行きました。でもわからないって。ストレスとかそんな可能性もあるとか言われて。でも絶対この仕事のせいです」

そんなのオレに言われてもわからない。だけどきっとそうなのだろうなぁとは思う。あの寒さが女性の体に悪影響を与えないとは思えないのだ。

ウチの倉庫で働く社員は自分を含めて10人程度。それとパートや派遣バイトを合わせて25人ほどが現場作業だ。

さらに、事務方も6人働いている。

どこ行っても暑くて
大変だよな

オレが言うのもなんだけど、冷凍作業員は皆、うつろな眼をしている。頭がボーっとするせいか、休憩や昼食時も会話をほとんどしない。食堂なんて静かなもんだ。

まあそこが気楽と言えば気楽なのだが、それを事務方が小馬鹿にしてくるのが耐えられない。

ある日、伝票通りの仕分けが出来ておらず、当事者のオレは事務のおばちゃんに呼び出された。

「なんで間違えるの。アナタここ長いんでしょ?」

「すいません」

「今まであまり言ってこなかったけど、ちょこちょこあるわよ。どういうつもり?」

ただただ平身低頭謝るオレに、この婆は言った。

「寒いとこにいるから頭ヘンになっちゃったんじゃないの？」

「え？」

「とにかく気をつけてよね。アナタたちの尻拭いをするのはこっちなんだから」

同じ会社に勤める人間なのに……。冷凍作業員は頭がオカシイってか？

さすがにこうもはっきり言われることは少ないが、奴らがオレたちを見下してることは明らかだ。

たとえば伝票の修正をお願いしに行くと、

「うわ、現場の人はこっち（事務スペース）来ないでよぉ。うちらまで寒くなっちゃうから」

社内ですれ違うときには、

「大丈夫か？　生きてるか？　凍っちまってないか？」

帰宅時に出口で会ったときなんかも、

「ああ寒いなぁ。あ、キミは暑いか。あんなところにいたらどこ行っても暑くて大変だよな。サウナ要らずってか。ギャハハ」

自分らは特権階級とでも思っているのだろうか。オレらが極限状態で働いてるからメシを食えてるんだぞと言ってやりたいところだけど、そんなムダなことをやって何かが変わることもないだろう。

★

なんとか11年続けてきたオレだが、なにか妙な診断をされるのが怖くて病院に行ったことはない。

最近では簡単な計算が出来なくなった気がするし、物覚えも悪くなった。職質されたときに自分の名前が思い出せなくて悩んだこともある。

冷凍倉庫のせいだという確証はないけれど、もちろん、そうじゃないとも言い切れない。

工場残酷物語

『裏モノJAPAN』2011年3月号掲載

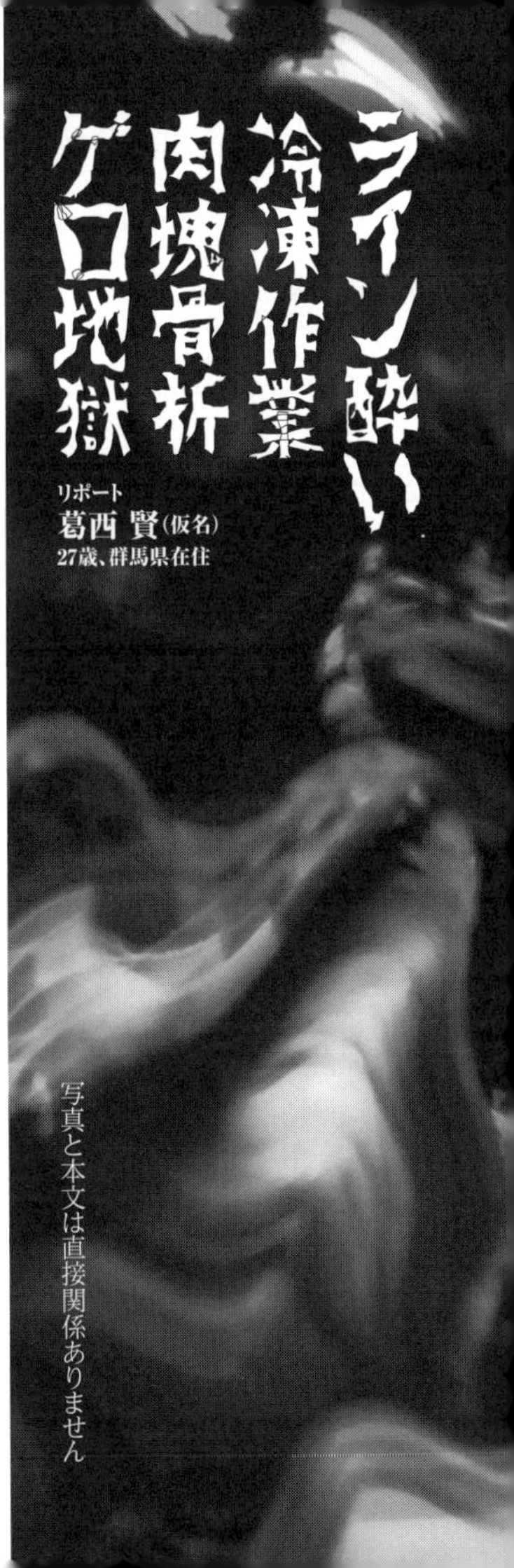

ライン酔い 冷凍作業 肉塊骨折 ゲロ地獄

リポート
葛西 賢（仮名）
27歳、群馬県在住

写真と本文は直接関係ありません

景気の悪さに毒づいて、人はよくこんな台詞を口にする。

「会社つぶれたら、工場ででも働くか」

最終的なよりどころとしてどこかの工場に潜り込めば、最低限、食ってはいけるとでも思っているのだろう。

はたしてその考えは正しいのか。工場ぐらいなら誰でも働けるなんて、世の中そんなに甘いものなのだろうか。

中小の工場を渡り歩く青年に実情を語ってもらった。

シュウマイにグリーンピースを載せるだけ

高校3年生の2月。オレは受けた大学すべてに落ちた。

両親は予備校を勧めてきたが、オレはもはや大学生になることに魅力を感じてなかった。自分が華やかな学生生活を送る姿がイメージできなかったのだ。

だからフリーターになった。最初に勤めたコンビニは1年ほどで辞め、以降はずっと日雇い派遣のバイトだ。

でもさすがに25を過ぎると、両親も定職に就けとうるさくなってくる。自分自身も少し肩身が狭かった。

そんな折に見つけたのが、新聞の求人チラシにあったこの仕事だった。

〝簡単な食品製造ライン工場〟

「簡単」ならば出来そうだ。出来ないわけがない。

面接のため現場へ向かった。目的の工場は、車の部品工場や物流倉庫などがずらっと並ぶ工業団地の中にあった。そこら中からトラックが出ては入り、入っては出ていく。

面接は工場の説明を受けただけで終了した。どうやらここではシュウマイを製造しているらしい。シュウマイごときに工場があるなんて。ま、でも、そりゃあるか。

初出勤の日、面接官が白衣姿でスタンバイしていた。

「じゃあこれ着て」

渡された白衣を着て工場内に入る。体育館ほどのスペースに大きな機械が並び、ベルトコンベアが動いている。一定の間隔で立ち作業している人たちは全部で30人くらいか。

流れはだいたいわかった。

巨大なプレス機に3人がかりでひたすらミンチ肉を投入し、同時に別の人間が刻み玉ねぎや調味料を放り込む。

薄く伸ばされた肉はラインを流れ、人の手でシュウマイ大に丸められて、隣のラインの皮の上へ。そいつを機械がくるむ。

機械から5個1列に並んだシュウマイが出てきたら、人の手でグリーンピースを1個ずつ載せて完成だ。最後の包装は機械が行う。

オレの持ち場はグリーンピースゾーンだった。

シュウマイの中央に、ただただグリーンピースを載せるだけの、広告に偽りない「簡単な」作業だ。

3人の先輩のやり方を真似て、いざ仕事を開始した。大量のグリーンピースが入っている箱から5粒だけ手にとって、流れてきたシュウマイにトントントントン。目の前にきたらトントトントン。

半分はスピードに追いつかず逃してしまうが、ラインを挟んで4人がジグザグに並んでいるので、後ろの人たちがサクサク処理してくれる。はい、流れてきたらトントントントン。

1時間もしないうちに、根本的な疑問がわきあがってきた。これ、人間がやる必要あんのか？　まさに機械向きの仕事だと思うんだけど。

ラインが早すぎて脳が処理できない

8時間のグリーンピース作業はラクで良かった。煩わしい人間関係もなく、頭も使わない。しかし数日で体調がおかしくなった。作業中に吐き気がするのだ。

毎日のように、途中でグリーンピースを投げ出し、工場のトイレで吐いた。そして先輩たちもときどき持ち場を離れてトイレへ駆け込んでいく。

肉の匂いのせいか。いや、そういう酔いじゃなく、もっと体の芯からクラクラするような気持ち悪さなのだが。

「ライン酔いだよ。それ、職業病だから」

先輩は得意げに解説してくれた。ラインの早い流れを見つめつづけるせいで、脳が情報を処理できなくなり、公園の遊具でぐるぐる回ったような状態になるのだそうだ。

原因がわかったところで、吐き気は止まらなかった。ベテランの先輩ですらゲーゲーやってるんだから、慣れないオレなど日に5回も6回もトイレ行きだ。

そしてまた、あまりの退屈さにもイヤ気がさしてきた。来る日も来る日もグリーンピースを載せるだけ。明日も明後日もグリーンピースで、休みが明ければまたグリーンピースが待っている。

嘔吐とグリーンピース載せを繰り返しながら、他の人たちはなにを考えているのだろう。シュウマイを食べて喜ぶ人の笑顔か？　まさか。

2カ月頑張ったところで、オレは辞意を伝えた。

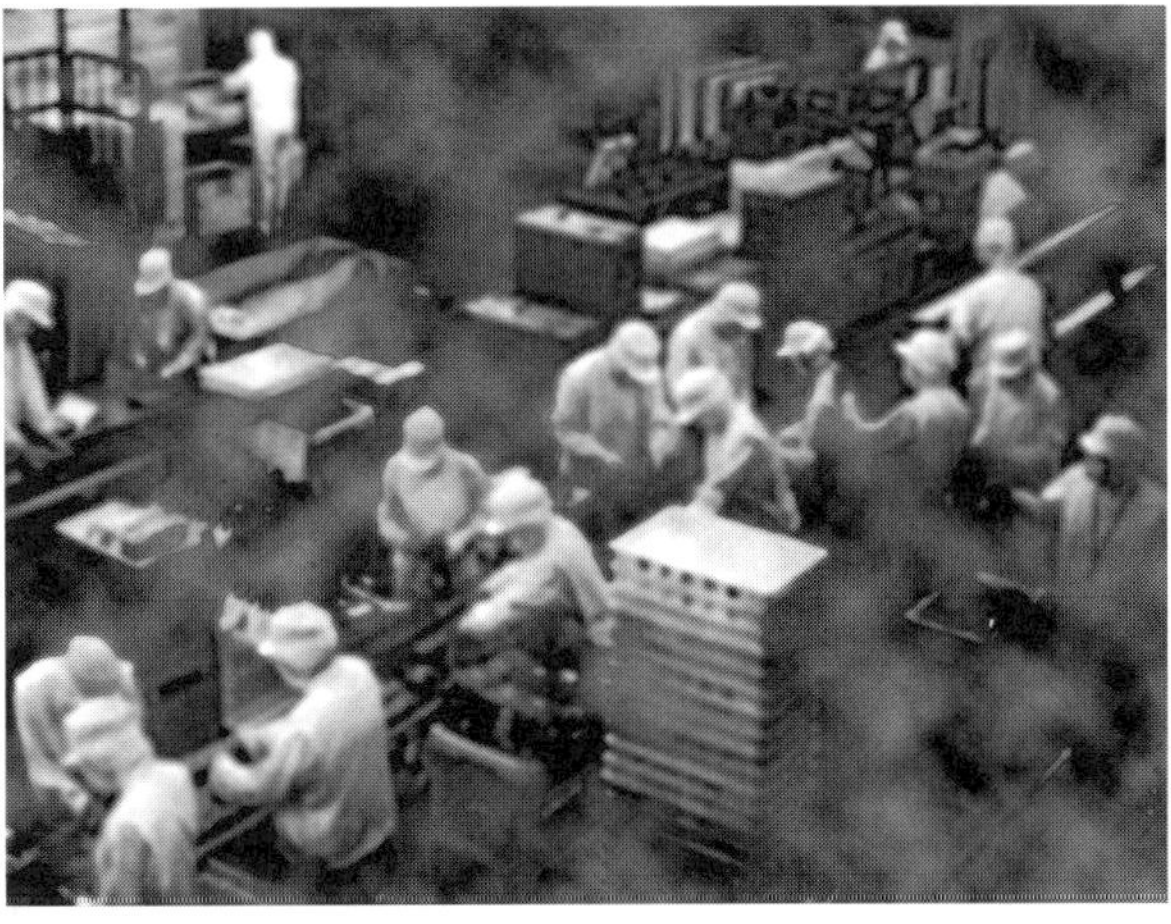

マイナス25℃ってどういうこと?

他にも仕事はいっぱいあるけれど、人間関係のメンドーさを考慮すると結局は工場作業しか思い当たらなかった。

次に目を付けたのはこれだ。

〝倉庫内でアイス・冷凍食品の簡単な仕分け作業〟

仕分け作業。手足はいろいろ動かせそうだ。少なくともグリンピースのような退屈さは味わわなくてすむだろう。

工場は、周りを田んぼで囲まれた中にポツンと建っていた。

出迎えてくれた所長が面接の冒頭で仕事の流れを説明する。

トラックが冷凍食品やアイスの入ったダンボールを倉庫内に下ろすので、それらを発送リストをもとに大きなカゴに振り分ける。ただそれだけだ。文字どおり「仕分け」である。

肉体労働だけど、変な吐き気なんて起きそうもないし何より健康的だ。今度は続けられそうな気がする。

「作業は冷凍倉庫内になるので、防寒服を貸し出しています」

所長は続けた。仕事場はマイナス25℃なので注意するようにと。

はて、マイナス25℃ってどういうこと？

「アイスは常温だと溶けてしまいますからね」

「はぁ」

「溶けると商品になりませんよね」

「ええ」

雲行きがおかしくなってきた。仕分けそのものは健康的でも、マイナス25℃ってあまりに不健康、つーかそれって南極？

息を吸うと肺が寒くなる

初出勤日。現場の倉庫に案内された。入口の長机に、暖かそうなダウンジャケットと耳あてがいくつも無造作に置いてある。

「これを着てね。軍手はこっち」

他の作業員が続々とやってきては手にとっていく。そんな完全装備して大げさなんだから。

皆の後について歩くと、いかにも頑丈そうなトビラにたどりついた。この中が冷凍倉庫のようだ。

先輩がドアを開けた。

モワモワモワー！

真っ白な煙が勢いよく飛びだしてきた。まだ中に入ってないのに、すでにもう寒い。顔がチクチクする！

オレの戸惑いなどおかまいなく、仕事はスタートした。リーダーが発送リストを渡してくる。

「××スーパー・モナ王3ケース」

書かれた商品を倉庫内から探し出してくればいいだけだ。広さは学校の教室3つ分くらいしかないから楽チン…と思ったが、山のように段ボール箱が積まれていて、モナ王がどこなのかさっぱりわからない。

うー、どこだモナ王。てか、モナ王って何だ？　うー、寒い、寒い、顔がもげそうだ。とにかく

動き回ろう。突っ立ってたら冷凍人間になりそうだ。

無事に探し終えれば、次のリストは唐揚げ5ケースに冷凍ピザが2ケース。また探すのかよ。寒いってば。ここから出してくれよ。息を吸うと肺が寒くなるなんて初めてだよ。

昼休み、ようやく下界に出てきて、弁当の袋に手をやろうとしたら、ヒジが曲がらなかった。膝も曲げづらい。潤滑液が凍ったか？

この仕事はなんとか半年つづけられた。ダウンの下にトレーナーを3枚着こみ、もう耐えられなくなればすぐそばの暖かい「冷蔵」倉庫に逃げ出す術を覚えたからだ。といってもマイナス10℃なのだけど。

結局、半年で辞めたのは、アイスが売れる夏の繁忙期になり、連日シフトに入ったせいで手足が動かなくなってしまったためだ。

人間はやはり温帯で暮らすのが一番だ。

肉の上に人間の真っ赤な血が

もう工場はムリと心底思ったくせに、いざ他の職場を思い描くと暗たんたる気分になった。和気あいあいとした会社なんてウンザリだ。

次に勤務したのは、肉をパッケージする工場だった。凍った豚の肉塊を台車に載せ、そいつを切る係の元へ運ぶ。それがオレの担当だ。肉を載せて運ぶ。載せて運ぶ。これまた単純きわまりない。

肉塊の大きさは直径50～70センチで、重さは50キロ。専用の軍手を使って台車に積み、通路を100メートルほど進む、ただこれだけの作業が危険でならなかった。

通路が細いので、台車がすれ違うたびに肉がすべって足下に落っこちるのだ。肉塊を足指に落とされたときのうめき声があちこちで頻発し、また、通路脇の作業台で働くパートさんにぶつかり、鋭利な肉でザックリ傷を負わせる者がいたり。肉の上に人間の真っ赤な血が飛び散ったシーンは、まるでホラー映画のようだった。

3カ月でオレが逃げ出したのは、凍った肉塊を落とされ、右脚を骨折したせいだ。

今日は漬け物、明日は米。これなら退屈しない！

工場作業にはロクなものがないのだろうか。もういっそのこと対人恐怖症を治した方がいいんじゃないか。

と考えておきながら、やはり前向きに生きる勇気は起きず、また折り込みチラシで職を探してしまった。

〃お弁当工場〃

幕の内弁当を製造している工場だ。ここを選んだのは、担当者が電話で「ラインの持ち場が日によって変わる」と教えてくれたからだ。

これは大きい。毎日毎日、同じ作業だと精神も滅入ってくるが、日々新たな持ち場なら飽きるなんてこともないはずだ。

さすが幕の内、工場は広かった。3階建てのうち2階までが製造ラインで、3階部分は食堂、仮眠室、喫煙ルームと非常にしっかりしている。

現場は、弁当の容器に米をよそうライン、漬物ライン、鮭ラインなどなど、幕の内弁当の具材一品目ずつに分かれている。今日は漬け物、明日は米。これなら

退屈しないぞ！

初日、オレは卵焼きラインに入った。持ち場は5人だ。

ベルトコンベアのスイッチが入り、弁当箱が流れてくる。所定のスペースに卵焼きを入れて、また卵焼きを入れて、入れて、入れて、入れて…。

あの憎きグリーンピースに較べてラインのスピードが遅いので、変な酔い方はしない。

しかし、変じゃない、真っ当な吐き気が襲ってきた。何だ、この臭い？

ゲロごときでラインは止められない

玉子の匂いじゃない。あっちこっちの食い物の酸味や生臭さ、油やフルーツなどの臭いが一緒くたになった、なんともいえない不快臭だ。

「ウエーッ！」

隣のラインで一人うずくまって吐きだした。おいおい、やめてくれよ、こんなとこで。続けて玉子のラインでも、もらいゲロが発生した。君たち、食品工場だってわかってんのか。床に向かって吐いた2人を、周りは完全無視している。作業を止めると他に迷惑がかかるからだ。

しょうがなく吐いた当人が雑巾で後始末し、ファブリーズをシュッとかけて何事もなかったように作業に戻っていく。うっ、ちょっとオレも吐きそうなんだけど。

ゲロ騒動は毎日のように起きた。臨時で雇われた派遣の子がマイってしまうのだ。

弁当が作られてる周りでゲーゲーやってるなんて、幕の内を食べてる人は知らないんだろうな。

★

オレは今もこの幕の内工場で働いている。ラインが変わって飽きないから？　まさか。玉子が鮭や米になったところで、周囲の臭いがわずかに変化するだけだ。

理由は他に働くアテがないからと言うしかない。誰かどっかいい工場、紹介してくれないかな。

激安ピンサロ嬢という生き方

※記事内の写真はイメージです

リポート
花守寿美子（仮名）
27歳、関東のピンサロ店に勤務

『裏モノJAPAN』2013年11月号掲載

花びら2回転や3回転、それでいて料金は2~3000円。そんな激安ピンサロを見かけるたびに不思議な気分になる。ここの嬢たちは、なぜこんな過酷そうな場所で働いているのだろう。

汚いチンコ1本くわえる毎にいったい幾らもらえるというのか。どうせ同じフェラチオ仕事なら、もっとマシな店があるだろうに。

疑問を少しでも解くべく、現役の激安ピンサロ嬢に、いま、自身が他のどこでもない〝そこ〟にいる理由を語ってもらった。

「やべ、こいつ チョー精子臭いんだけど!」

九州の片田舎で生まれ育った私は、物心がついたときからコンプレックスを抱えていた。

ダルマのような肥満体。アトピー性皮膚炎が原因の赤い顔。そんな外見がからかいのマトになるのは当然で、小学校時代はよく男子から、生焼けブタだの、かぶれダルマだの、心ない言葉を浴びせられた。

おかげですっかり引っ込み思案な性格になり、中学生になるころには自分の将来に絶望したものだ。

中2の夏休み。暗い毎日を送っていた私に、追い打ちをかけるような出来事が降りかかる。

実家の隣に住む４つ年上のイトコにレイプされてしまったのだ。

イトコはたびたび関係を迫り、そればかりか、数人の仲間を引き連れて集団で私を犯したりもした。

泣き叫んで抵抗する私に、彼らは笑いながら言った。

「おい、もうイキそうなんだけど。中で出すぞ！　いいか！」

「やめて、お願い！」

「じゃあ精子飲め！　おらおら口開けろ！」

何人もの精液が口や顔にドロドロと掛けられた。

道を歩けば、すれ違う人間のほとんどが顔見知りという狭い町のこと、私の噂が同級生たちの耳に届くのは時間の問題だった。

夏休みが明けて登校した際、クラスのヤ

ンキー連中が私に言い放った言葉は忘れられない。

「おい、変態デブ！　今朝もセックスしてきたのか？　…ん、んん？　やべ、こいつチョー精子臭いんだけど！」

　この日以来、私は周囲からヤリマンとして認知されるようになり、〝精子ぶたトマト〟というアダ名で呼ばれるようになった。毎日、死にたかった。

私みたいな女が行くべきなのはピンサロ

　高校進学後は、自分の存在を押し隠すように、静かに日々を送るようになった。人の目にさえつかなければ周囲にイジメられたり、からかわれたりすることはない。20歳で上京してからは、介護ヘルパーとして働き出した。

　しかしそれから数年後、私はうつ病にかかってしまう。自暴自棄になり、アルコー

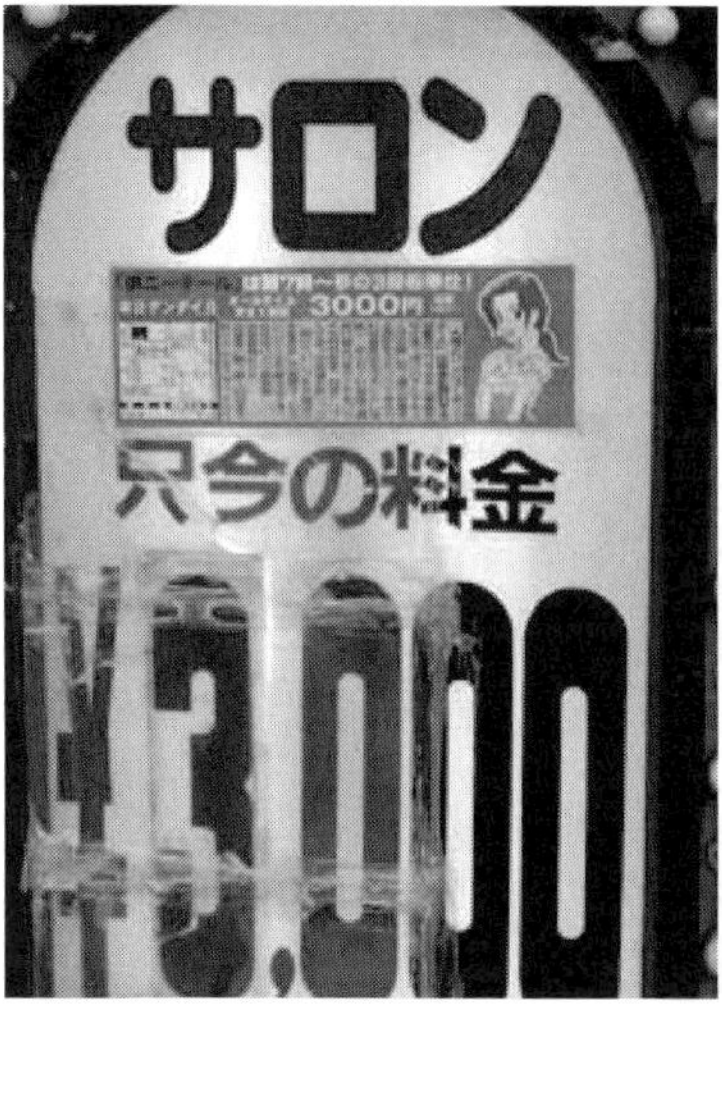

ルが無性に飲みたくなるという症状まで現れた。

毎晩のようにひとりで夜の街へ繰りだすようになり、へベレケに酔っぱらっては朝方に帰宅。仕事のとき以外はつねに酒浸りの生活だ。

そんな浪費を続けるうち、ヘルパーの給料（手取り15万）だけでは生活が立ちゆかなくなり、近所のスナックでアルバイトをはじめた。もう中学時代のような肥満体じゃなかったので、なんとかホステスとして雇ってもらえたのだ。

ところが、なぜかまた体重が増え出してしまい、昔のようなダルマ体型のデブに戻ったところであっさりクビになった。

「ぶくぶく太ったホステスは客ウケが悪いからね。もう来なくていいよ」

ママの言い分はもっともだった。

水商売ができないなら、後はもうフーゾクしかない。26歳の私は素直にそう考えた。

なにしろ中2で輪姦を経験し、さんざん男の人の精液を飲まされていた私だ。今さらそんな

ことにためらいはない。

さっそく求人誌片手に行動した。ソープランド、ヘルス、ホテヘルなど、めぼしい条件の店と連絡を取り、面接を受ける。

行く先々で待っていたのは、ことごとく不採用の回答だった。理由は、面接をしてくれた何人かの店長さんが教えてくれた。

「失礼だけど、その見た目じゃ指名は取れないと思うよ。ウチはフリー要員はいらないからさ」

さすがに生焼けブタとまでヒドイことは言われなかったけれど、要するにデブブスはいらないってことだ。

この哀しい面接の繰り返しで、私はあることを知った。

ソープやヘルスは給料が歩合制なので、指名がつかないデブじゃ稼げない。

でもピンサロの多くは時給制なので、出勤しているだけで賃金がもらえる。入店してしまえばこっちのもの。指名がつこうがつくまいが関係ない。私みたいな女が行くべきなのはピンサロなのだ。

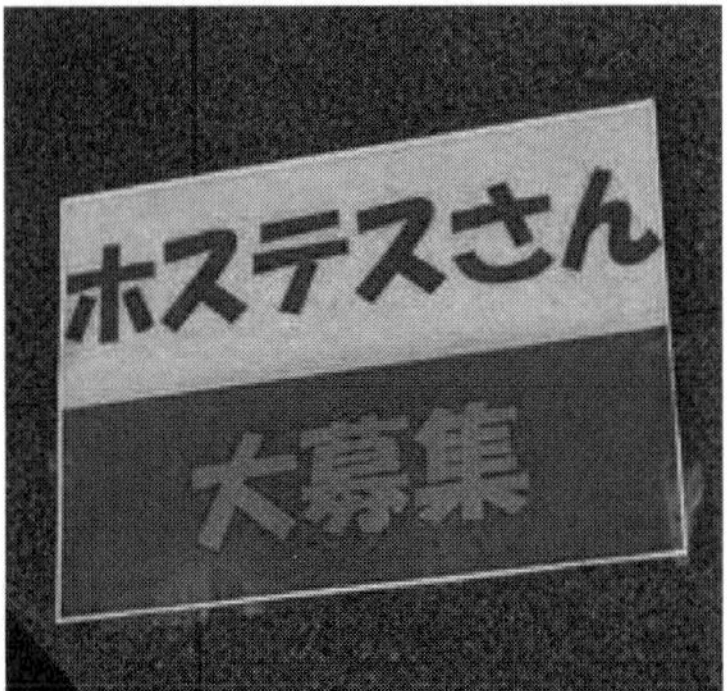

こうしてピンサロ1本に絞って活動してみたけれど、時給5000円クラスの店は審査も厳しく全滅。4000円、3000円台でもまったく相手にしてもらえなかった。

こういう店だからデブを採用してくれる

最後に残ったのが、最も給料の安い店『X』だった。時給2500円。これでダメならフーゾクはあきらめるしかない。

面接のため喫茶店へ出向くと、人の好さそうな採用担当者が挨拶もそこそこに言った。

「ちょうど人出が足りなくて困ってたところだったんです。いつから来られます？」

「私、働けるんですか？」

「もちろんですよ」

やったー！

しかし続いて給与の説明が始まるや、私はがく然とする。時給１８００円だと言うのだ。キャバクラ嬢でも時給２０００円はもらってるのに、フェラが仕事のピンサロ嬢が１８００円だなんて。

「まあ、２５００円ってのは一定の指名が取れるようになってからの額でして。１８００円も決して悪くはないんですよ」

時給とは別にバックマージン制度があり、客から指名が入ればそのつど５００円が支給されるので悪くない条件だと彼は言う。

なんだかしょぼくれた待遇だけど、Xのシステムを聞いて、それも仕方ない気がした。女の子が２人交代でフェラして、客が支払う料金はたったの２千円。チョー激

安の店なのだ。

現実、あれこれブーたれてる場合じゃないのかもしれない。こういう店だから私みたいなデブを採用してくれるんだろうし。それになによりコンビニなんかのバイトの倍ももらえるんだから満足しなきゃ。

1本あたりの単価は約640円

初出勤日の夕方、介護の仕事を終えたその足でXへ。店の受付へ顔を出すと、奥から現れた中年スタッフに、接客についての簡単な説明を受けた。新人講習のようなものは行わず、ぶっつけ本番ではじめるらしい。

スタッフの話に耳を傾けながら暗い店内に目をこらす。薄暗い店内には、ボックス席が8つほどあって、そのすべてが客で埋まっている。そして待合室にも数人。さすがは激安店、思った以上の人気ぶりだ。

フロアを慌ただしく動き回っている先輩ピンサロ嬢たちは、軽く40は越えてそうな年増さんや、私のようなおデブちゃんばかり

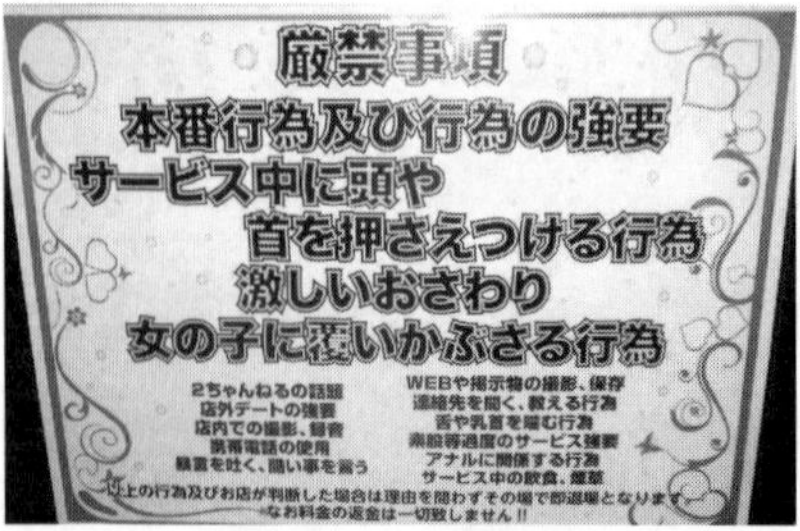

だ。

　そばにいたスタッフが声をかけてきた。いよいよだ。

「はいユミさん（私の源氏名）、5番テーブルよろしくぅ！」

　マイクを持ったスタッフが独得の調子で声を張り上げる。緊張しながら指示された席へ向かうと、待っていたのはスーツ姿のオッサンだった。

「こんにちは、今日は何だか肌寒いですね。お仕事帰りですか？」

「ああ、そうだよ」

　30秒ほどで話を切り上げ、パンツを脱ぐようお願いする。なにしろ20分2回転だから嬢1人の持ち時間は正味7分ほど。うだうだしゃべっているヒマはない。

　ほんのりオシッコのニオイのするチンコを夢中でしゃぶってみたけど、イカせることなくタイムアップ。2回転目の子と交代することになった。

　いったん、待機部屋でうがいをしてからすぐさま次の席へ。今度の相手は20代の若者で、ちょいっとしゃぶるだけで大量の精液を発射させた。ナマ臭い精液のニオイが口内に広がる。思わずえずきそうになるのをこらえ、また次の席へ——。

　この日はこんな感じで閉店まで働き、計6時間、ほぼ休憩なしでしゃぶり続けた。これで1万8000円稼いだ計算になる。くわえたチンコは17本なので、1本あたりの単価を計算すると約640円だ。これ、割に合ってんの？

店長から給料1万円を受け取り（Xでは日払いの場合、上限は1万円まで。余った額はまとめて後日支給）まっすぐアパートに戻った。

「そんな容姿でフーゾク嬢にならないでほしい！」

グラスになみなみと注いだ焼酎のストレートをグイッとあおって一息ついたところで、もらった1万円札を頭上にかざし、じっと眺めた。

いっそのこと、ヘルパーの仕事など辞めてしまおうかな。1日でこんなに稼げるなら毎日ピンサロで働いた方がよほど収入が増えるんだし。

翌朝、養護施設へ辞表を出した瞬間から、私は完全にピンサロ嬢になった。

その日のお店も、前日と変わらぬ混みようで、1本しゃぶり終わればまた1本、さらに1本と、休む間もなく店内を行ったり来たりした。だいたい1時間に4本ペースで、口の中は常に精液臭が残ってる感じだ。

しかもさすが2000円2回転の店だけあって客層が悪く、どいつもこいつも小汚い。おしぼりで拭いても臭いのとれないようなチンコばかりがどんどんと現れる。わざと風呂に入ってないような悪臭ぷんぷんのチンコを取り出して、

「おしぼりで拭く前に一回だけ舐めて」

　とぬかした客までいた。

　なによりこの日一番のショックは、ヘナヘナした学生っぽい客に言われた台詞だ。彼は席に着いた私に、怒るような口調で言うのだ。

「どういうことですか？　何なんですか、あなたは」

「え…」

「ふざけないでください。あなたはそんなヒドい容姿でフーゾク嬢にならないでほしい！」

　どんな言われようなんだ。だいいち、２０００円のピンサロでそんなに偉そうにしないで

ほしいし。

なんだかこれって勝ち組みたい

週に6日、汚いチンコをもぐもぐして日払いで給料をもらううち、ちょっとした買い物依存の症状が出てきた。

100円ショップで1回に2万円も使ったり、西友で婦人服をどっさり買い込んだり。日銭を持ってると、ついそうなってしまうものなのかも。

お酒の量も増えた。週に1度の休みには昼からずっと飲みつづけてるし、ピンサロでも客をイカせて待機室に戻るたびに、店員に内緒で（というか黙認されてる）焼酎のボトルをこっそりラッパ飲みする。こうして景気をつけておけば激臭チンコも気にならなくなるからだ。

もう、他の仕事はできる気がしない。焼酎を飲みながらできる仕事も、1日で1万円稼げる仕事も、ここ以外には絶対にありえない。チンコをたくさんしゃぶって精子を口で受けるだけで、こんな気楽に生きていけるなんて、考えてみればすごく幸せなことだ。

特に私が自分の幸福を実感するのはコンビニに寄るときだ。深夜にあくせく働くオニイさんの時給は1000円ちょい。私は1800円。オニイさんは仕事中立ちっぱなし。私は座れる。オニイさんは貧乏そう。私は財布にいつも万札が入ってる。

なんだかこれって勝ち組みたい。中学のとき、〝精子ぶたトマト〟と呼ばれてたこの私が勝ってるみたい。

自殺まで考えた自分に、この未来を教えてあげたい

　入店からふた月ほどで、初めて指名がついた。ちょいワル風のおじさんがずいぶん気に入ってくれたのだ。

　でもそれにはカラクリがあった。

　ある日、出勤前に腹ごしらえをしようと、Xの近所にある定食屋に入ったら、ちょいワルさんがツレの男性としゃべっていた。

　そっと席に座り、その会話を聞くともなく聞いていたところ…。

「へえ、そんなにユミ（私の源氏名）って女がいいの？」

　ツレの問いかけに、ちょいワルさんが答える。

「いやいや、顔はめちゃくちゃブサイクなのよ。すげーデブだし。でも、そういう化けもんみたいな女にしゃぶらせるってのもなかなかオツなのよ。なんかアブノーマルな感じするじゃん」

　席に着いた瞬間に客が落ち込むのも、直接ブスと言わ

れるのももう慣れっこだったのに、このときばかりは落ち込んだ。といってもお酒を飲んだらどーでもよくなるんだけど。

他にも私を傷つける客はいくらでもいた。精液を手で受け取りアソコに塗りつけようとしてくるのや、缶ビールを頭からぶっかけてくるのなど、思い出せばキリがない。

でも私は黙々としゃぶり続けた。いちいち感情なんて持ってられないし、しゃぶりさえすればお金が入ってくるのだから。気持ちよくなってほしいなんて殊勝な気持ちもまったくない。ただただ、目の前のチンコを舐め回すだけ。チンコは金なりだ。

★

しゃぶってしゃぶって、飲んで買って、またしゃぶって飲んで。ピンサロ嬢になって1年、お金は貯まらなくても、アパートの部屋にはモノがいっぱいあふれて、財布には何に使ってもいい現金が必ず入っている。

満足とまでは言わないけれど不満はない日々だ。中学時代イジめられて自殺まで考えた自分に、この未来を教えてあげたいほどに。

第三章 珍しい職業

「おっさんレンタル」で借りられ続けた4年間

リポート
40代後半のおっさん
都内在住
『裏モノJAPAN』2018年2月号掲載

数年前、巷でレンタル彼女ならぬ「おっさんレンタル」なるサービスが話題になった。あらかじめ登録した本物の「おっさん」を、1時間1000円で借りて自由に使えるというもので、意外にも女性を中心に利用者は現在も増えているそうな。

おっさんなんぞ借りてどうするんだとも思うが、1時間1000円で経験豊富な中年をコキ使えるなら、やり方次第では便利なサービスだと言えるかもしれない。

おっさんレンタルの黎明期から現在までのおよそ4年間、延べ数百人以上の利用者から依頼を受けてきたというベテランのレンタルおっさん氏（40代後半）から、その内実を聞いた。（編集部）

「何でもやります」と書くことに

おっさんレンタルというサービスが始まったのは2012年。その後、このサービスを始めた社長さんがテレビに出演したりニュースになったりして、世間でちょっとした話題になっていた。

小さな会社を経営している私も、テレビで見たのをきっかけに、やってやろうと思い立った。試しにパソコンを立ち上げてサイトを覗いてみたら、おっさん募集の文字が目にとまった。

応募する上での必須条件として、以下の内容が書かれていた。

- **日本在住で、33歳以上、68歳未満のおっさん**
- **イケてると勘違いしているおっさん**
- **全力で人を応援したいおっさん**

私が応募しようと思った理由は、単なる興味本位だ。人は社会に出ると何かしらの肩書きやスペックを求められるが、ビジネスやお金のことは抜きで、自分は1人のおっさんとしてどれぐらいの需要があるのかという興味。

どんな人間から、どんな依頼が来るのか、まったく予測できないが、何事もやってみないとわからないじゃないか。そんな軽い感覚だったと思う。

おっさんとして登録するには入会金として年間13万円を納めねばならない。1年終われば更新でまた13万円が必要になる。

冷やかしの登録を防ぐという理由もあるんだろうが、軽い動機で始めるには少し金額が高いと感じた。でも、それだけ大掛かりだからこそ、実験として価値があるという考えもある。

試しにやってみるか。そんなノリで13万円をポンと払えるぐらいの強い好奇心と行動力がないと、おっさんレンタルはできないのかもしれない。

正式な登録の前に、簡単な面接を受けるのが決まりで、最初に注意事項として、エッチなことはダメ、遅刻は厳禁、それと、依頼者からクレームが3回きたら登録解除されると釘を刺された。

中には女性の依頼者に手を出して、クレームが来るようなおっさんもいるらしい。

採用が決まれば、登録してプロフィール作りだ。

他のおっさんたちは、それぞれ自分のプロフに、こんなことができます、などと得意なものをアピールしている。

有名音大出のおっさんが「楽器や歌を教えます」とか、アウトドアが得意なおっさんが「キャンプに同行します」なんてパターンも。みなそれぞれの得意分野を活かしてアピールしているのだろう。

私は何も考えずに「何でもやります」と書くことにした。

時給が安いから雑用が多い

何しろおっさんに依頼する内容なので、部屋の掃除や引っ越しの手伝いなどの力仕事が多いだろうとは予想してたが、いざ始めてみたら本当に多かった。

パソコンの不具合を見て欲しいだとか、『ちょっとおウチに手すりを作ってもらえませんか？』というようなＤＩＹのお手伝い。グッズ販売の並び代行なんてものもある。

『好きな作家のサイン本が発売されるけど、当日は仕事でどうしても買いにいけません。代わりに買ってきてくれませんか？』

そんな依頼が、オタク女子の皆さんたちから寄せられるのだ。

並びといえば、パチンコ屋の並び代行も受けたことがある。パチンコ屋に並んでまで台を取るって、どういうことなんだ？

という疑問が以前からあったので、試しに依頼を受けて並んでみたのだ。

実際、秋葉原のパチンコ屋に『まどマギ』の台が30台ぐらい入るという日に並びに行くと、千人近い人がいたのには本当に驚かされた。

いかにも便利屋的なもので言えば、サクラ系の仕事も多い。趣味で音楽をやってる人たちからの依頼で、ライブの集客に詰まってしまったというパターン。1時間2000円のチケット代を自己負担するくらいなら、レンタルした方が安いという発想らしい。ロックバンドの人が多い印象だ。似たようなもので、色々な営業職の人たちから、商品モニターをやって欲しいとか、アンケートを集めたいなんて依頼もくる。

例えばマンションの営業。彼らはとりあえず名簿を作らないといけないらしく、色んな設問が書かれたアンケートを書いて欲しいと頼んでくる。

これもサクラ系だが、いわゆる覆面調査の付き添い依頼もある。飲食店などのサービスや食事をチェックするとい

うアレだ。1人だと怪しまれるのでおっさんをレンタルして、カップル客のフリをして調査するわけだ。

これもサクラになるかわからないが、映画のエキストラをお願いされたこともあった。こちらはコスト絡みの話で、1時間1000円だとエキストラの事務所に払うよりも安いんだそうだ。

色んなジャンルで雑用のような依頼が多いのは、やはり1時間1000円というのが相場として安いからだと思う。

思ってる以上に、人妻たちは浮気している

依頼のジャンルを多い少ないで分けるなら、ダントツで多いのは「同行系」になるだろうか。お茶やお酒に付き合って欲しいとか、イベントや買い物などに一緒に行って欲しいというもので、中でも、お茶やお酒に付き合って欲しいという依頼は、結局のところ仕事や恋愛なんかのお悩み相談になることがほとんど。中でもダントツで多いのが恋愛相談だ。

旦那の浮気や自分の浮気がバレそうだとか、自分の浮気相手が別れたがっていて困ってる、などなど。

レンタルをやってみてわかったのだが、皆さんが思ってる以上に、人妻たちは浮気している。

「まだ旦那にバレてないけど、誰にも言えないので、誰かに聞いて欲しかったんです」

などと告白してくる依頼者は本当に多い。

ほかにも、出会い系サイトで見つけた男性と浮気しているが、連絡が来なくて心配だとか、旦那と別れて浮気相手と一緒になりたいだとか、女性の場合、セックスがどうこうではなくて精神的な悩みが多い印象だ。

女性の依頼ばかりだと言うと、色っぽい関係になってホテルに行ったり不倫関係に発展したなどと、ソッチ系の話を期待するかもしれないが、残念ながら私の場合は一切ない。

たしかに依頼者によっては、旦那の浮気相談などで何度か依頼を受けて会ううちに、「ちょっとお隣に座ってもいいかしら?」と近づいてきてボディタッチしてきたり、いつの間にか私に気があるような素振りをしてくる人もいる。おっさんに

よっては依頼者と色恋の関係になる人もいるみたいだが、ここでそうなると、あとで誰か別のおっさんにバレて、本業に影響が出る恐れがある。複数のおっさんに依頼してる女性は多いので、何か悪さをするとすぐに噂が広がってしまうのだ。

とある別のおっさんに何度か依頼をしていた女性から、『今度、おっさんとしてじゃなく、普通の男女として飲みに行かない？』というメールが来て困ってる、と相談されたこともあった。おっさんによるセクハラは、やはりあるにはあるのだ。

ごくたまにだが、男性からの恋愛相談が入ることもある。

これは若い男性からの依頼で『好きな人への告白の練習をさせてもらえませんか？』という変わり種だった。

都内のカラオケボックスに2人で入り、私を告白相手に見立てて何度も告白してくるのだ。

「ちょっとやってみますね。『○○さん、好きになりました。

私と付き合ってください』。…どうでしょう?」

「うん、誠実な感じで良かったと思いますよ」

一応、真面目にアドバイスしたつもりだが、結果がどうなったか連絡が来てないので、たぶんダメだったんだと思う。

両親の前で彼氏のフリを

普段は会えないような人たちに会えるというのも、おっさんレンタルの面白いところかもしれない。

例えば、議員秘書とか、弁護士、あとはそんなに売れてない女優さん、という方もいた。

その子は、副業で夜のバイトもしてるらしく、そのお客用にセクシー写真を撮って欲しいという依頼だった。

「セクシー写真って、どんな感じのですか?」

「そうですね〜、パンツがチラっと見えてるようなのがい

いかな」

ということなので、一応ちゃんとしたカメラを用意して、一緒に昼間の公園に行き、ブランコの上でオーダー通りの写真を撮ってあげたのだが、その写真が大好評だったらしく、以来、毎年ある時期になると、違うバージョンのセクシー写真を撮って欲しいと依頼がくるようになった。ちなみに、今年は水飲み場で胸元がチラりと見えるショットだ。

これは30代後半の一般女性だが、『両親の前で彼氏のフリをしてもらえませんか？』という依頼が来たことがある。

彼女は、親御さんに長いこと彼氏がいないと思われていて、そろそろ結婚を、というプレッシャーを受け続けていた。

本人とメールで打ち合わせを続けた結果、私が彼女の実家に行って、ご両親とガッチリ話すとなるとボロが出るので、どこかで両親と待ち合わせして軽く挨拶するということに。

いざ、待ち合わせ場所で、見も知らぬ女性のご両親と対面したときは、さすがに緊張したが、「初めまして。○○と申します」

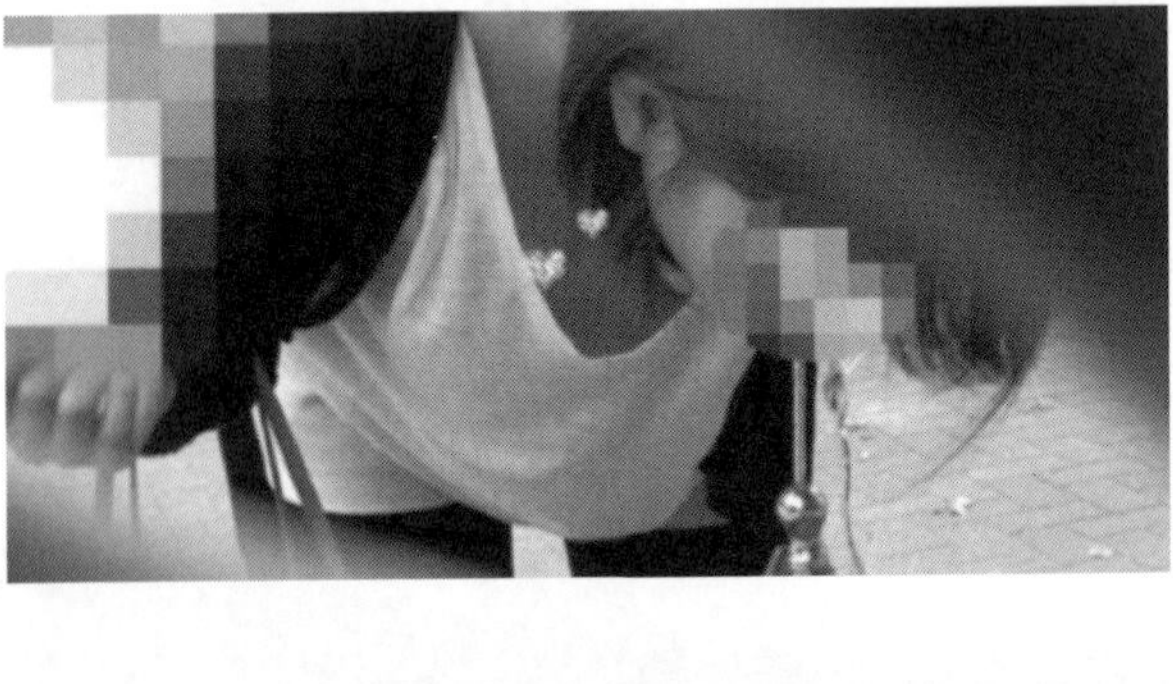

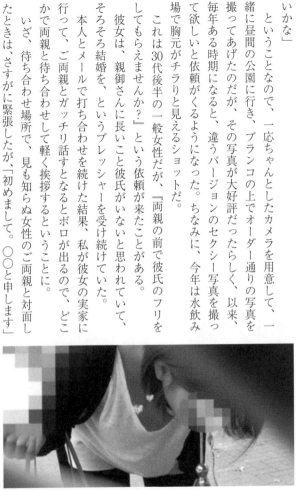

と笑顔で自己紹介したら、ご両親も笑顔で応え、お互い「お世話になってます」とペコペコとお礼合戦に。

その後も、2度3度と同じ依頼を受けたが、今年に入ってから音沙汰がないので、たぶんうまく誤魔化せたんだと思っている。

風俗で働いていたことを旦那に話したい

誰でも1つぐらい、人には言えない秘密を持っていると思うが、自分1人で大きな秘密を抱えているとストレスを感じるものだ。そのはけ口としておっさんレンタルを利用するという人は少なくない。

「実は、若いころに風俗で働いてたことがあって。旦那には隠してきたんですけど、本当のことを言いたいんです」

ファミレスでいきなりこう切り出してきた30代の人妻さんは、本人も旦那に言わない方がいいことはわかっているのだが、や

はり隠し事をしてるのがしんどいらしく、ひとまずは相談のつもりで私に会って、洗いざらいをさらけ出そうと考えたらしい。

「もう自分が許せないんです。全部洗いざらい告白して、謝ってしまえばラクになれると思うんだけど…」

あまりに自分の過去を卑下していたので、一通り話を聞いたところでこう伝えた。

「理由があってその仕事をしてたんだから、そこは否定しない方がいいですよ。何事も経験っていう考え方もあるし」

結果的に少しラクになったそうで、旦那に言わないことに決めたらしい。話を聞いてあげたことで、ガス抜きになったんだと思う。

精神的な病気の方から依頼が入ることもたまにある。

最初のメールの段階で、『わたしは、境界性人格障害なんですが』と書いてきた40代の主婦は、常に誰かに見張られてるとか、追いかけられる、という恐怖に怯えていて、とにかく助けて欲しいと、切実な感じで相談を持ちかけてきた。

この手の依頼は、それこそ相手が納得するまで聞くしかない。

「自分の家族は誰も聞いてくれなくて、その話は止めてくれって言われるから、お願いしました」

本人の自宅に家族がいない時間にお邪魔して、3時間ぐらいみっちりと話を聞いてあげたらようやく落ち着いてくれた。こんなオッサンがただ聞いてあげるだけでも役には立つものなのだ。

★

色恋沙汰があるわけでもなく、時給もたった1000円ぽっち。どうして年間13万を払ってまでおっさんレンタルを続けているのか、皆さん不思議に思うかもしれない。でも私にとっては、レンタルされてるときだけは100パーセント善人を演じていられる、というのが楽しいのだ。

誰でも若いころは自分のことばかり考えて生きてきても、年を取ると他人のために何かしてあげたいという気持ちになる。話を聞いてあげることで、スッキリできた、大事なことに気づくことができた、と喜んでもらえたら、それは自分の喜びにもつながるのだ。

プレミア商品を入手するためホームレスを集めよ
という仕事

リポート
鈴木（仮名）
53歳、ウェイティングカンパニー社長
『裏モノJAPAN』2018年4月号掲載

並ばせ屋

平成30年1月下旬の夕方。寒風吹き付ける新宿西口の高層ビル街にその行列はあった。並ぶのは男、男、男。薄汚い恰好をした男ばかりが1列になっている。ざっと１００人はいるだろうか。

彼らが心待ちにするのはカレーの配給。つまり炊き出しである。毎週木曜日17時ごろから都庁近くの歩道で行われており、男たちからは久々の食糧にありつける安堵の表情が見て取れる。

その行列に並ぶ男たちに次々と声をかける男性がいた。グリーンのコートにスラックス姿。はたから見れば気のよさそうな普通のおじさんだ。

彼の職業は「並ばせ屋」だ。

新宿だけでも並ばせ屋は6つ

転売ビジネスって知ってます？　プレミアがつくと予想される限定商品を購入して、ネットで売りさばくことで利ザヤを得る商売です。これを生業にしている転売業者ってのが何人もいるんです。

たとえば、限定10体のフィギュアが発売されるとします。定価は1万円だけど、転売すると3万円になる。10体全部買い占めれば20万の儲けです。

しかし、買い占めるためにはそれ相応の人員が必要不可欠です。他に一般のお客さんが買いに来るのだから激戦が起こって当然ですよね。

そこで業者は私のような「並ばせ屋」に依頼し、行列に並ぶ兵隊の頭数をそろえるわけです。

つまり、転売業者が並ばせ屋に依頼して、並ばせ屋がホームレスたちに声をかけ、商品の行列に並ばせるという仕組みです。

新宿だけでも競合他社の並ばせ屋が5つあります。他は電気屋とかスマホ屋とか、それぞれ得意の転売業者とつながりを持ってます。電気屋ってのは、地方のヤマダ電機のセールに行く連中です。毎週コンスタントに仕事があるので集める規模も大きいです。

私の場合は玩具と洋服がメイン。最近の流行りはシュプリームってブランドの洋服。靴はイージーブーストっていうアディダスのスニーカーです。これらのプレミアは元値の2、3倍は当たり前で、10倍になることもしばしばなので転売業者からの依頼も多いのです。

免許証を持つホームレスは貴重

一見、簡単そうに見えますが、並ばせ屋ってのは意外と奥が深い。ホームレスを集めて、はい終了ってわけにはいかないんです。なのに特別に儲かるわけでもないんですよ。

いくら高額のプレミアがついたとしても、私個人に転売業者から支払われる金額は、集めたホームレス1人につき500円です。

1日に20人のホームレスを集めて、限定品の発売日に並ばせたとすると、私の取り分は1万円。20人も集めてやっと1万円ですから、平均で月に5、6万くらいの収入です。あくまでも副業ですね。

依頼は転売業者からラインで来ます。例えばこんな文面です。

『3月10日の土曜日に原宿でアディダスの新作スニーカーが発売されます。20人ほど必要です。ホームレスへの並び賃は1人1500円でどうでしょうか?』

この並び賃というのは、転売業者からホームレスに支払われる金額です。つまり、転売業者は並ばせ屋とホームレスに別々で支払いをするのです。

私に支払われる金額は500円で一定ですが、ホームレスへの賃金は並びの過酷さによって決まります。冬に一晩並ぶなら5000円。朝2時間並ぶだけなら1000円が相場でしょうか。

ラインで連絡が来たら、転売業者と電話で相談します。20人じゃ足らないから人数を増やした方がいいとか、スニーカーは転売対策で店員が身分証のチェックをするはずだから免許証を持ってる奴が必要だ、とかね。これで人数と金額を確定します。

そしてようやく炊き出しに行って、列に並ぶ男に声をかけます。

兵隊探しは炊き出しで

人員を確保するには炊き出しに参加するのに限ります。定期的に行われるし、時間のあるホームレスを効率的に集めることができるからです。1度にこれだけの人数のホームレスが集まる場所は炊き出し以外にないですから。

私が集めに行くのは主に新宿と池袋。新宿は都庁近くのカレーの炊き出しで、池袋はサンシャイン60の近くにある東池袋中央公園です。こっちは土曜日に、おにぎりとぶっかけご飯の炊き出しがあります。炊き出し以外なら新宿駅の地下通路も絶好のスポットです。深夜にホームレスが寝てますから。

上野とか山谷にも炊き出しはありますけど、身なりがよくないのが多いんです。店員に並ばせる人間を選ぶには、この身なりが重要なんです。あからさまに汚い恰好だと、店員から白い目で見られるし、最悪の場合、店から追い出されることもある。

ストリートファッションのブランドなのに、ドカジャンを着た老人が並んでいたら違和感がありますよね。なので、なるべく若くてイイ服を着ているやつに声をかけます。

また、免許証のように写真付きの証明書を持っているホームレスも貴重な人材です。最近は転売業者に対して厳しい店が増えていて、購入の際に免許証の提示を求める場合があります。免許証を持つホームレスは少ないですからね。所持してるのは10人に1人くらいの割合ですので、大切にしなくてはいけません。

もし、証明書を持っている人を集められなかった場合は、転売業者が用意します。

兵隊探しは炊き出しでそれぞれの顔写真を転売業者に送り、年齢とか背格好が近い保険証や社員証を偽造、もしくは入手するのです。

炊き出しの行列に並んでいる人の中から、行列に並んでくれる人を探すってわけです。おもしろい話でしょ？

金がないから現地集合は難しい

新宿の炊き出しは17時に開始されますが、ホームレスが並び始めるのは14時ご

今週、仕事あるけど

ろなので、私は少し早めに行って声かけをします。結局、人集めは早いもの勝ちなんですよ。ギャラがいいか、並ぶのは辛くないかでスグに判断されちゃう。だから信頼関係を作っておくことも大切です。

私の場合はホームレスたちに顔が売れてるので、炊き出しに行ったら必ず声をかけられるんです。

「今日は仕事あんのー？」って。そしたら交渉スタートです。

「今週は仕事あるよ」

「どこ？　場所は？」

「業者から連絡来てんのは表参道ヒルズだね」

「土日？」

「いまのところ土曜日だけ。交通費コミコミでギャラは2千円なんだけど、どう？　いつも安くてすまんねえ」

「うん、いいよ。どこ集合？」

「新宿東口の交番裏のタクシー乗り場。時間は朝の4時半かな。で、山手線の36分の始発に乗っていくよ」

「了解」

「んじゃ、よろしくね。名前教えてもらえる？　あと、どこで寝てるの？」

「亀井です。中央公園の入り口近くですね」

「はい。じゃあよろしく」

いつも、こんな感じです。名前と普段寝てる場所をメモして次の人にあたるわけです。これを人数が集まるまで続けます。

並ばせる人が決まったら、転売業者に並びに行く人の写真を確認のために送ります。これだけの人数を集めることができましたよって。これで準備は完了です。

当日に待ち合わせ場所に集合したら、名簿と照らし合わせて、あらかじめ買っておいた電車の切符を彼らに渡してショップへ移動します。切符を買うお金が

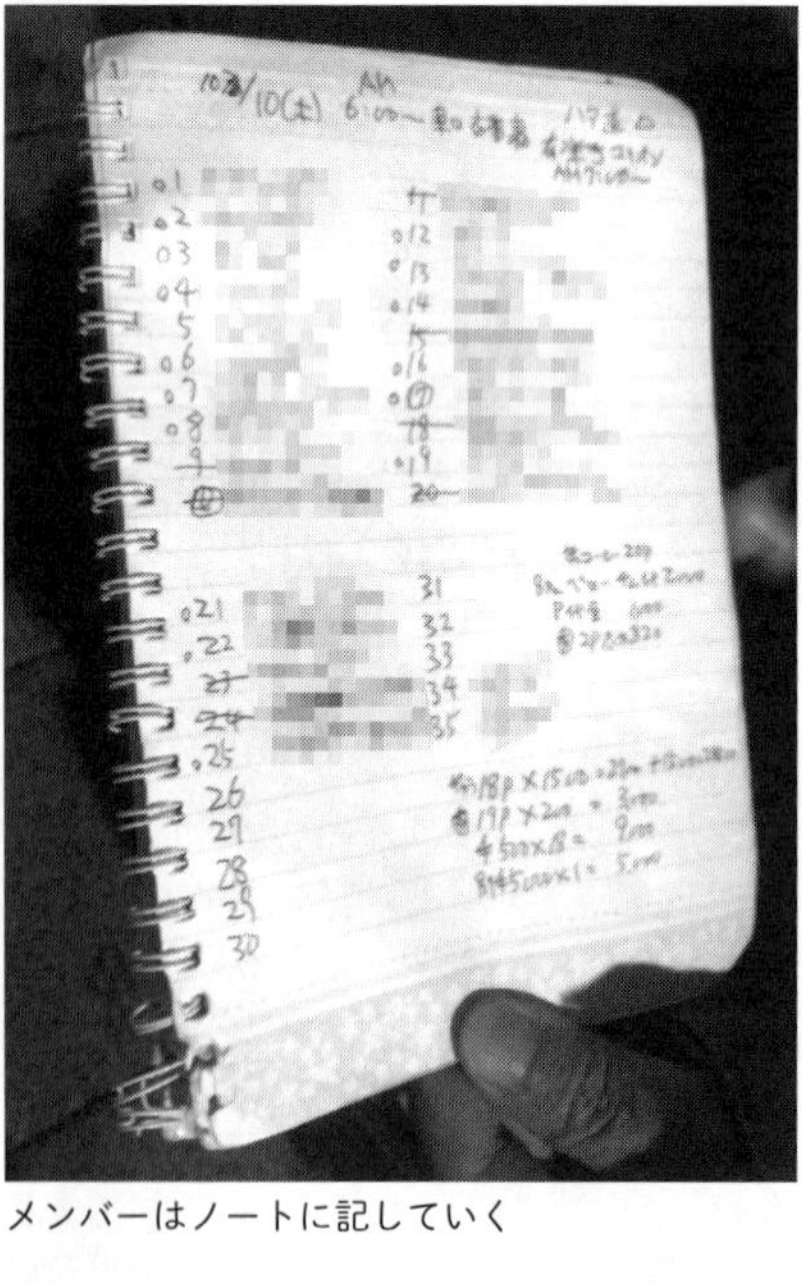
メンバーはノートに記していく

ない人もいるので、表参道などでの現地集合は難しいんです。

始発の電車に乗って目当ての店の前に着いたら開店時間まで並んで待ちます。

このとき転売業者と合流して、私のギャラとホームレスへのギャラ、そして商品の購入費用をそれぞれ受け取ります。しかし、並びのホームレスにはまだ現金は渡しません。持ち逃げされる可能性があるからです。

最近ではリスクを回避するために、商品の購入代金を商品券やクレジットカードで代用する場合もあります。商品券は盗まれにくいですし、クレカもスグに停止させればいいので、盗まれることが少ないんですね。

そして私自身も見張りを兼ねて一緒に並びます。

まれに逃げる奴がいるんですよ。

ソワソワしてる奴がいたら要注意です。やっぱり待つだけでも精神的にしんどいんですよ。なのでコンビニでおにぎりを買ってきて差し入れしたり、順番にトイレやタバコの休憩を挟んで息抜きをさせます。

開店時間が近づくと店員が整理券を配るので、並びはいったん解散します。

整理券の当選結果が発表されたら、当たった人には購入代金を渡し、無事に商品を買ってきたところでギャラと交換します。

ハズレた人にもギャラは支払います。並んでくれたわけですからね。その場合はハズレ整理券とギャラの交換です。

その後、ハズレ整理券と商品を転売業者に渡して1日の業務が終了です。

私も兵隊の1人だった

私が並ばせ屋を始めるようになったのは13年前。なので40歳のころです。それまでは中学を卒業してから、ずっとホテルのウェイターをやっていたんですけど、30半ばくらいのとき、ギャンブルで金をスッて家賃を払えなくなったんです。

それがきっかけで路上生活を始めました。

当時は紀伊國屋の隣にビックカメラがあって、その近くで寝泊まりしてたんです。

やっぱり最初は怖かったですね。でもまわりのホームレスに寒くない寝床を紹介してもらって、雨風をしのげる場所で仲間たちと一緒に過ごしてました。

そのときに初めて並ばせ屋に仕事をもらったんです。最初は自分が並ぶ側の兵隊だったんですよ。

初めての仕事は1回500円で原宿のマスターマインドってドクロマークのアパレルブラ

ンドに並びました。

それから5、6年は並びの仕事を続けていました。でも、人ってのは徐々に欲がでるもんです。並ばせ屋の人と業者の間で万札が飛び交ってるのを目撃して、自分も金が欲しいって思いはじめたんです。人を集めるのは大変そうだけど、金があんなにもらえるなんて羨ましいと、まさに羨望のまなざしを万札に向けてました。

そんなことを考えてたら、仕事を紹介してくれていた並ばせ屋が体調を崩して引退したんです。それで、転売業者が後任を探してるってことで立候補したんです。並ぶ側から並ばせる側に転職したわけです。

どんな人間が並ぶか、事前に転売業者へ写真を送る

差し入れは必ずポケットマネーで

そこからは試行錯誤の連続でした。いきなり人を集めようにもノウハウもなにもないですから。とりあえず周りにいる人に声をかけて集めていきましたけど、イマイチ人数を揃えることができない。

そこで、他のホームレスと積極的に会話するようにしたんです。

「いまどこに住んでるの？」

「ちゃんと食えてる？」

とか、友達同士みたいに接するのを心掛けるようにしました。

やっぱりホームレスって孤独な奴が多いんですよ。だって毎日ずっと1人でしょ？　たまに炊き出しで知り合いに会っても、配られ終えたらハイ解散てなもんだから寂しい人が多い。だから私は人を集めるために優しく接して話し相手になりました。私自身人当たりはいいほうだし、コミュニケーションが好きなので。そしたら、多少並び賃が安くてもついてきてくれるようになったんです。

他にも信頼関係を築くために、努力しています。

夏の暑い日には『ガリガリ君』を人数分買ってあげたり、冬の並びにはあったかい缶コーヒーやホッカイロの差し入れをします。

他の並ばせ屋の中には差し入れの金額をホームレスのギャラから天引きするやつもいますが、私は絶対にそんなことしません。

必ずポケットマネーから出します。天引きされるぐらいなら、自分で欲しいもの買いたいのが人間ですよ。

また、並ばせる人だけでなく、販売する店にも親切にするのを心掛けました。

何度も同じ店に行くので店員には顔を知られてしまうものです。なので、ヒマな日に店に行って、売れ残りの品を買ったりして、店員ともコミュニケーションを図ります。

これをしておくと、後で当たり券を増やしてくれたり、余ったサイズのものを定価で売ってくれることもありました。

伊勢丹の並びに70人用意するも

順調に人を集めていたら、他の転売業者にも声をかけられるようになりました。

「鈴木さんのところは評判がいいから、俺のところでも並ばせてよー」ってね。

そうやって仕事を拡大していたら、3つの転売業者から合同で依頼を受けたことがありました。

水曜日に新宿の伊勢丹メンズ館でクジを引くだけの仕事でしたが、70人の並びが必要だったんです。

大規模にもかかわらず突然の依頼だったので、人数を集めるのに苦労しました。業者から仕事をもらったのは前日だったので公園の炊き出しに行く余裕がなかったんです。

そこで、当日の朝に行われている炊き出しを調べました。幸い新宿5丁目にあるインマヌエル教会ってところで朝5時に炊き出しが行われるという情報を聞きつけて、集めに行きました。

「一人1000円でこれから2時間並ぶだけだよ。すごい楽だよ」

と何人にも声をかけてやっと70人が集まったのです。

しかし、問題はこの後でした。並びを終えて、近所の神社で整理券と現金を交換しているときのこと。

業者からは1000円と聞いていたつもりだったのですが、実は業者が提示していた金額は500円だったのです。それを知ったホームレスたちが怒っちゃって、警察が現れる始末です。結局その分を私が補填することになって、その日はタダ働きになりました。せっかく70人も集めたのに、もったいなかったです。3万5千円もらえるはずだったんですけど…。

中国人を一発殴って1千万盗んだ方がいいんじゃ

３年前に中国人の転売業者から依頼を受けたこともありました。原宿のアパレルブランドが一週間セールをするらしく、５人の並びが必要ってことで。

私の取り分はいつもどおり1人頭５００円ですが、ホームレスへのギャラは、夏の炎天下に一週間、毎日泊まり込みで並んでなんと8万5千円です。

この条件を聞いて、もちろんホームレスたちは飛びついてきました。こんなまとまった現金が入ってくることなんてまずありませんから。

中国人からは店にあるものは何でもいいからカゴに入れろって指令を受けていたので、靴下、Tシャツ、パーカー、なんでも買わせました。

いざ、会計のときに中国人がポケットから現ナマの1千万をだしてきたのには心底驚きました。おそらく一日に百万円以上は使っていたと思います。

店が閉店したら、次の日の朝まで店の前で泊まり込みです。最初の2、3日は我慢できましたけど、連日の熱帯夜で徐々に疲労が溜まってきて、歴戦のホームレスたちの間でも、帰りたいって声が大きくなってましたね。

だけど、最後まで終わらないと、中国人が私たちにギャラ支払ってくれないので、なんと

鈴木氏。新宿で兵隊を集める日々は続く

か説得して並んでもらいました。ホームレスたちは、中国人を一発殴って1千万盗んだ方がいいんじゃないかって話をしてましたよ。

なんとか、一週間の仕事に耐えて、彼らに賃金を払ったときは身体から達成感があふれてきました。みんなでやり遂げた一週間だったので感動もひとしおです。

この仕事がきっかけで積極的に私の依頼を受けてくれるようになったホームレスもいます。多少ギャラが安くても、この前儲けさせてもらったお礼だからって。

そうやって人との関係が生まれるのが、この仕事のやりがいですかね。

障害者の射精をお手伝いする仕事

リポート
熊谷美紀（仮名）
20代後半、現在は介護ヘルパーとして働く
『裏モノJAPAN』2014年5月号掲載

初めて自分の中にボランティア精神があることに気づいたのは中学のころだ。

災害現場のボランティアスタッフを特集したテレビ番組を観て、私も困ってる人の助けになりたいと素直に思った。

高校生になってからはボランティア活動に実際に参加するようになった。盲学校に出向いて朗読をしたり、老人ホームで介助見習いをしたり。障害を持った人やお年寄りに、笑顔で「ありがとう」と言ってもらえるのが何より嬉しかった。

就職先は一般企業だったけれども、これが自分の人生を捧げる仕事だとは思えず、いつもどこかがモヤモヤしていた。

一念発起した私は親の反対を押し切って会社を辞め、介護福祉士になるため介護ヘルパーの学校に通い始めた。

見ず知らずの男性のものを手で触れるだろうか

その仕事の話を聞いたのは、同じ学校の友人からだった。

「性介護をしてる団体があるんだって。美紀、やってみれば？」

性介護。射精介助とも言う。自力で自慰行為ができない男性のために、ヘルパーが手を使って射精に導いてあげることだ。脳性マヒなどによって障害を持った人の『性処理問題』は、介護業界でよく語られるテーマだ。

性処理を第三者（ヘルパー）が行うことは是か。それとも非か。私自らの個人的なセックス（性）観は、初めて経験を持った大学2年のころからさほど変わっていない。タイプでいえば明らかに消極的な方だ。性欲がみなぎってしょうがない、なんて経験は1度もない。

でも男性はどうか、と考えると、私はヘルパーによる性処理に大賛成の立場だ。性欲は人間の本能。それを解消できずに苦しむ人に対して何かお手伝いすることの、いったいどこがいけないのか。

その団体に興味を持ってはみたが、いざ決断するにはやっぱり壁がある。親や親戚はなんて言うだろう。『見知らぬ男性の股間を触る仕事』は、簡単に理解できるものではない。なんせ介護従事者でも否定的な人がたくさんいるんだから。

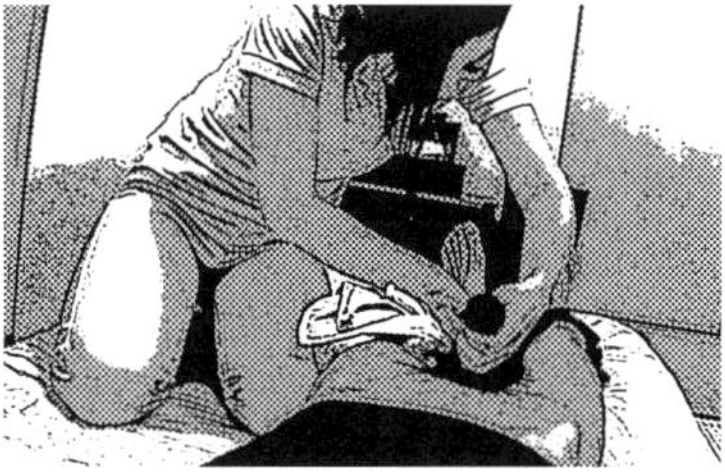

※文中の登場人物はすべて仮名、及び写真はすべてイメージです

私にできるのか、という不安もあった。過去2人の恋人には、求められれば普通のことはしてあげた。手で陰部を触ってあげたことも舐めてあげたこともある。でも見ず知らずの男性のものを手で触れるだろうか。

そうだ、私がやるのはこれなんだ

あれこれ考えながらも、気持ちは前に進み、2011年の夏、私はこの団体の面接を受けた。

「熊谷さん、ようこそお越しくださいました。仕事内容はなんとなくイメージできてますか？」

「はい、理解してるつもりです」

「なるほど。では詳しくお話しさせていただきますね」

射精介助には介護用ビニール手袋を使い、陰部にコンドームを装着して行う。場合によってはローションを使用することもある。場所は利用者の自宅だ。

利用者は30分3000円の料金を払い、そのうち2000円を女性ヘルパーが受け取る。出勤は月に2回ほどで、一日に複数人を担当する場合もある。

原則1利用者に対してヘルパーも1人だ。退職などのやむを得ない理由がないかぎり、最初に担当した人間がずっとその人のケアを続けていく。

そこまで話した男性面接官は1度せき払いを挟んでから、ケア方法の説明を始めた。

「陰部を手でこうやって…」

手でワッカを作って上下に動かしている。そうだ、私がやるのはこれなんだ。わかってたはずなのに、なぜか胸がぞわっとする。

その場で採用が決まり、まずは翌週の研修（先輩女性に同行）に来るよう言われた。別れぎわに手渡されたマニュアルには『不要なトラブルを防ぐため、服装はジーパン、Tシャツ（なるべく肌を露出しない格好）』と記載されていた。

コンドームの先端にドロっとした精液が

研修当日、待ち合わせの駅には私より少し年上らしき女性が立っていた。

「ヨロシクね。行きましょうか」

彼女のクルマが停まったのは、何の変哲もないごく普通の一軒家だった。初老の女性に出迎えられ、先輩に続いて2階の部屋のドアをノックする。

大きなベッドには中年男性が寝転がり、私たちの方を見ることなく声をあげた。

「ああ、どうもぉ」

「こんにちは。今日はね、仲間がお勉強しに来たんですよ。でも気にしなくていいから、リラックスしてくださいね」

車内で聞いた話によれば、彼は交通事故の後遺症で上半身の麻痺があり、かれこれ6年も寝たきりで暮らしているらしい。さきほどの初老の女性はお母さんだ。

先輩が屈託なく話しかける。

「今日は気分が良さそうですね」

「ああ、天気がいいからねぇ」

「そうねえ。あ、こないだ言ってたテレビ番組観ました？」

「観たよ、面白かった」

「アハハ、そうなんだ。それじゃあズボン脱がしていきますね」

たわいもない会話を続けながら男性の腰に手をやった先輩は、ズボンとパンツをゆっくり下げた。先輩の手が陰部に向かう。軽く指が触れただけなのに、縮こまっていたはずのアソコが急激に大きくなった。

手馴れた動きでコンドームを装着し、その上から手の平で包

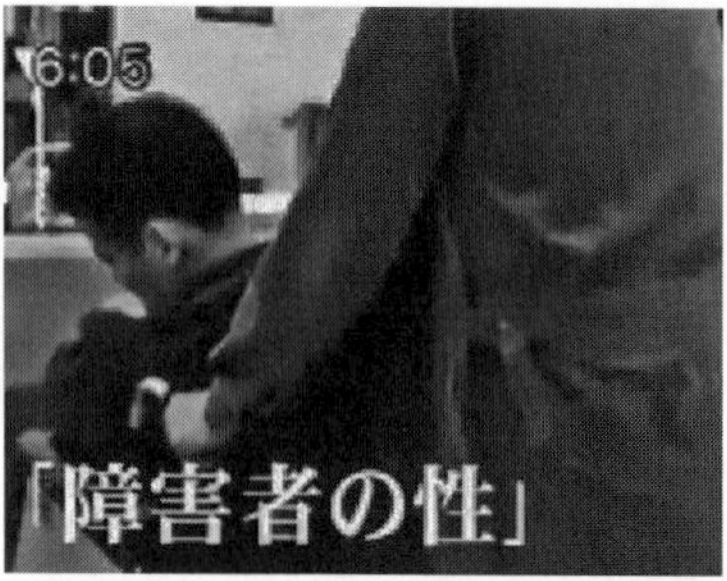

み、上下にゆっくり動かしていく。男性は無表情のままだ。まるで病院で点滴を受けてるみたいな感じとでもいうか。

と、すぐに男性が声をあげた。

「ふううっ」

次の瞬間には陰部の根元やコンドームの先端に、ドロっとした精液が溜まっていた。

1分も経たずにケアは終了だ。ズボンを穿きなおした男性は楽しそうに先輩と話をしている。なんだかさっきより饒舌で、さっきより笑顔だ。

びっくりするくらい冷静にやれている

私の射精介助デビューの担当相手は、軽度脳性マヒ患者で1人暮らしの方（30代前半）だった。手足を動かすことが困難なため自慰行為ができないことを不憫に思った両親が申し込んできたらしい。

教えられた住所には古いアパートがあった。ドアをノックして、代表から預かった合鍵でドアを開ける。

ふすまの奥に、ベッドに寝転がる男性が見えた。

「熊谷です。こんにちは」

「よろしくおねがぁいしまぁす」

話し方に少しクセがあるけど、軽度の障害だけあってコミュニケーションは取れるみたいだ。

先輩がしてたように天気やテレビの話を交わし、鞄から手袋やコンドームを取り出してベッドの脇にセット。いよいよだ。緊張するなぁ…。

手袋をはめて、掛かっている布団をゆっくり剥ぐ。パジャマを下げて、続けてパンツだ。

陰部が見えた。…あれ、ちょっと大きくなってるのかな。

まずはコンドームだ。えい。

「痛くないですか?」

「ちょっと…」

「すいません。こうですか」

「大丈夫ですぅ」

ふう。次は手で陰部を握ってゆっくり下に動かす。

今度は上に。下、上、下。

……自分でもびっくりするくらい冷静にやれている。彼はときどき「んぐっ」「ふんっ」と息を漏らしてるけど、不快な感じではなさそうだ。

それにしても視線はどこにやればいいんだろ。陰部を凝視するのもヘンだし、テレビかなぁ。

2分ほどでカラダがビクっと動いた。同時に私の手に握られた陰部の先っぽが熱くなる。

出た…んだよね？

あっ、すごい。精液の量が多いからなのか、コンドームのふちから漏れてきた。

マニュアルどおりに精子のついた手袋をクルクル丸めてゴミ袋に入れ、ウェットティッシュで亀頭の周りから陰部全体を拭く。その後、温かいタオルで最後の拭きあげだ。

「はぁぁ」

「大丈夫ですか？」

「はぁい」

「もうすぐ終わりますからね」

「ありがとぉ」

良かった、なんだか私が嬉しくなってきちゃった。やっぱりこれは介護なんだ。人助けなんだ。

お尻に異変を感じた。なにかモゾモゾ動いている

初体験は大きな自信になった。次に担当したのは同じく軽度の脳性マヒ患者、健太さん（30代前半）。長らくケアをしてきた前任者の退職を受けて、私に話が回ってきたのだ。

いざお宅を訪問。迎えてくれたのはお父様だ。案内された健太さんの部屋には、ＡＫＢのポスターがいっぱい貼られていた。

「こんにちは。熊谷と申します」

「ああ、どうも。入ってください」

健太さんはアゴヒゲがびっしり生えた男らしい方だ。四肢に障害があり、特に指先の自由が利かないそうで、自動昇降式の介護ベッドに寝転がっている。

「熊谷さんってカワイイねぇ」

「またまた〜」

「冗談だってば。オレには好きな子がいるんだから。まゆゆって知ってる？　熊谷さんよりちょっとだけカワイイよね。アハハ」

そんな会話をしながら手袋をはめたとき、彼から要望があった。

「あのね、背中をこっちに向けてやってくれる？」

通常のケアは、ベッド脇の床にヒザ立ちし、陰部と正対して行われる。でも彼はケア中の顔を見られるのが恥ずかしいのか、体を90度ずらして背中を向けてくれというのだ。

その気持ちは理解できる。言われるまま、顔を見ないよう背中を向けて介助に集中した。

しばらくしてお尻に異変を感じた。なにかモゾモゾ動いている。

振り返ってみれば、お尻に触れてるのは彼の手の甲だった。指先は動かないからそういう触り方なんだ。

「あの、そういうのは…」

健太さんは手をゆっくり離した。でも再びケアに集中するも、すぐにお尻を触られる。…まあこれくらいならいいのかなぁ。異性への興味があるからこそこの仕事が必要になってくるんだし、ちょっとぐらいガマンしよう。


「なんだそれ、風俗だろ、性処理って！」


この仕事を始めたことを、私はまだ両親に伝えていなかった。ただの普通の介護ヘルパーだとしか。

でも根がマジメというのだろうか、今後も続けていけそうなメドがついたので、そろそろちゃんと説明すべきだと思い、夕飯の席で話を切り出した。

「あのね、話しておかなきゃいけないことがあってさ」

父も母も何事かと目を丸くしている。

「二人は性介護ってわかる？」

「なにそれ？」

「自分で性処理ができない男の人の補助っていう意味なんだけどね。私はその仕事をしてるんだ」

ポカンとした母とは対照的に、父の表情がみるみる険しくなる。

「利用者さんたちはすごく喜んでくれるよ。今までそういう機関がなかったから、本当に助かってる人がいて…」

ドンッ！　父が机を叩いた。

「なんだそれ、風俗か!?」

「違うよお父さん、介護の団体でね、性処理を専門でやってて…」

「意味がわかんねえよ！　なんだそれ、風俗だろ、性処理って！」

「だから…」

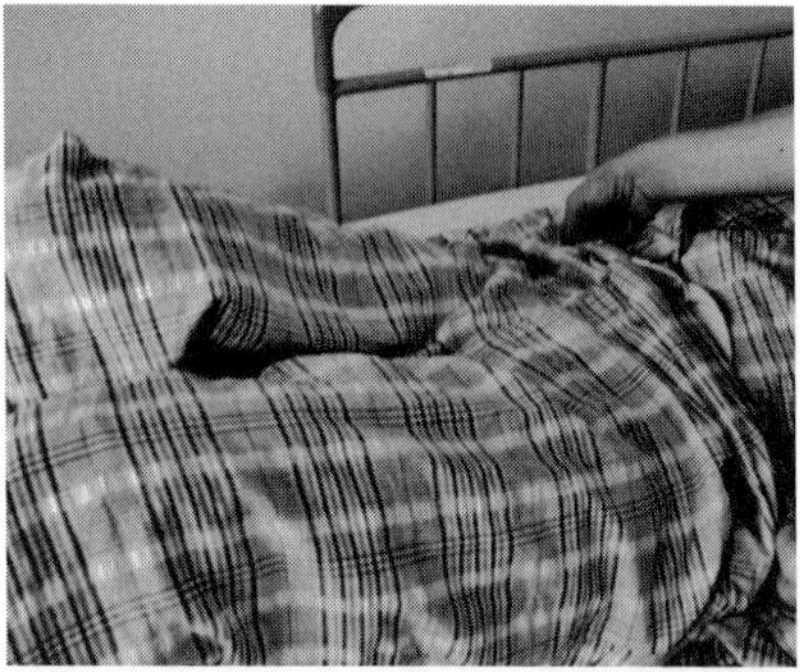

「性処理ってなんだおい、何でそんな仕事してんだよ！」

激昂する父を母が制する。ダメだ、なんて説明すればいいんだろ。

「とにかく風俗ではないの。それはわかって。処理ができなくて苦しんでる人は大勢いて、その手助けっていうか」

父は席を立った。風俗だなんて、そんな…。

残された母が静かに口を開く。

「よくわからないけど、お父さんが怒る気持ちは理解しなさい。どう聞いても風俗との違いがわからないもの。本当に介護なの？」

「だから…」

「なんで美紀がそんな仕事しなきゃいけないの？　自分でやりたいって思ったの？」

母の質問に精一杯答えたが、風俗じゃないことをわかってくれただけで「その仕事は辞めたほうがいい」と言うばかりだ。

「お願いできませんか？　お金は別で払いますから」

風俗じゃないと言い張る私でも、実はそう思っているのは自分だけなんじゃないかと感じることがある。利用者にとってはやっぱり風俗の女性のようなものなんじゃないかと。

たとえばこんなことがある。

トラック事故で手足が動かせなくなった20代後半の男性を担当したとき、彼は、5分、10分と勃起状態を維持しつつもいっこうに射精感が訪れないようだった。

「リラックスしてくださいね」

「…お願いがあります」

「どうしました？」

「乳首も一緒に触ってもらえませんか？　ダメですかね？」

団体の決まりでは陰部以外に触れることは許されていない。

「それはちょっと」

「どうしてもダメですか？」

「……」

「…お願いします、お願いします」

彼の目から大粒の涙がどんどんあふれてくる。どうしよう、やってあげてもいいかな…。シャツをめくり、左手の人差し指で乳首に触れてあげた。同時に右手で陰部の上下運動を続けていたら、ふいに射精の瞬間が訪れた。

たとえばこんなこともある。

新規の利用者さんのケアをしてるときのこと。

「あぅ、それ、ほって」

彼は50代前半、全身マヒで満足に言葉を発せない。目と首を動かして何か伝えようとしている。

「どうしました？」

「それ、ほう、とって」

取る？　どうやらコンドームを外して欲しいらしい。

正直言って、ちょっと抵抗はある。でも手袋してるし、ま、いいか。

「本当はダメなんですけど、取りますよ。今日だけですからね」

コンドームを外し、ローションを塗ってケア再開だ。

「あぅ、ふ〜〜」

すぐに彼は穏やかな表情になり、陰部も大きく硬くなって射精した。

さらにはこんなことも。

ある軽度脳性マヒの30代男性が、舌をレロレロさせながらこんなことを言ってきた。

「これやってくんない？」

「え？」

「お父さんに別で払ってもらうからさ、チンチンしゃぶってよ」

それはムリだってば。

「ごめんなさい、そういうのは決まりでできないから」

「そっちの決まりは知らないけど、個人的にお願いしてるんだよ」

「ごめんなさい」

ムッとしながら通常のケアを終え部屋を出たところで、彼のお父さんが神妙な顔で近づいてきた。

「お願いできませんか？　お金は別で払いますから」

こんなことが続くと、はたして私の活動が風俗じゃないと言い切れるのか、疑問に思えてくる。どうなんだろう。これって介助？　風俗？

好みの女性として接してあげられた

性処理を担当するうちに、ある男性に妙な感情を持ってしまったことがあった。

30代前半で全身マヒの阪木さん。何度か訪れてケアをするうちに、お母さんにこう言われた。

「あの子はね、熊谷さんのことが好きなんですって」

彼はほとんど会話をすることができない。お母さんの言うことは推測だ。

「髪の毛をアップにした女性が好きみたいなのよ。お願いできるかしら」

次のケア日。髪を結んで部屋に入ると、阪木さんは聞いたことのないような声をあげた。

「ううううえええ！　ああええ！」

ケアのときも、首を振りながらたくさん声を出してくれた彼のことが好ましく思えた。ヘルパーとしてではなく、好みの女性として接してあげられたことが、私としてもうれしいことだったのかもしれない。

帰りに、お母さんからまたリクエストをいただいた。

「あの子、スカートの女性が好きみたいで…」

規則上、露出度の高い格好は禁止されている。本来は断るべきなんだけど、私は彼の喜ぶ姿が見たかった。

スカートでの介助により彼はすぐに射精し、その帰り

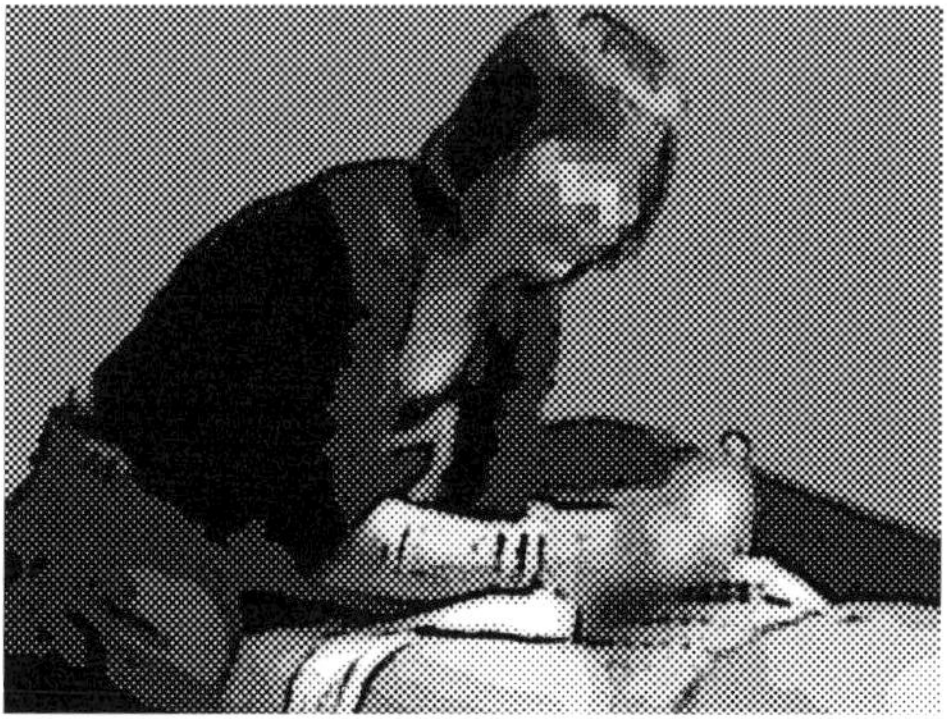

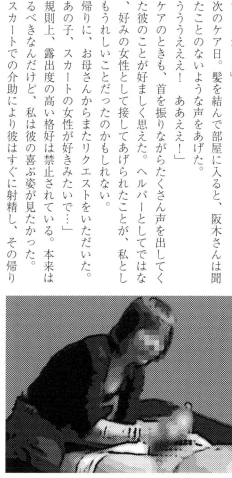

にまたお母さんからリクエストが。

「今度は半袖のシャツとスカートでお願いできるかしら？」

　さすがに受け入れられたのはここまでだった。これ以上だと風俗になってしまうから。

★

様々な理由で射精介助の仕事を辞めたワタシは、今では普通の介護福祉士として日夜仕事に励んでいる。

あの経験はなんら恥ずかしいことではなかった。いまもときどき同僚に「美紀ってチンコのお世話してたんでしょ」と小馬鹿にされるけれど、「そうだよ」と胸を張って答えている。

ゲーセンの
クレーンゲームだけで
家族を養っている男

語り
小野寺哲（仮名）
38歳
『裏モノJAPAN』2012年12月号掲載

その男を見かけたのは、山手線某駅前のゲームセンターだ。

1階のクレーンゲームコーナーでは、カップルや学生の集団など、さまざまな人が、景品獲得を目指していたが、全員が失敗していた。

それもそのはず、ディスプレイ

されているのは、かなり精巧なフィギュアや、大きなぬいぐるみなど、高そうなものばかり。そう簡単に取られてはゲーセンも商売にならないだろう。

が、その中年男性だけは違った。うつむき加減で淡々とプレイを続ける彼は、足元に大きな袋を置き、取った景品をつぎつぎと中へ詰めていく。

大きな箱のフィギュアやぬいぐるみは500円ほどの投資で、小さなストラップやキーホルダーは200円ほどでゲットしていく彼の表情は、なぜか能面のように動かない。

ゲーセンの外に出たのを見計らい声をかけたところ、なんと彼はコレで食っているのだという。そう、なんとクレーンゲームで家族を養っているというのだ。

いったいそんなことが可能なのか。本人に語ってもらった。

1日あたり2万弱は稼いでる計算

もともとはサラリーマンをやってたんです。でも3年前の春、35歳のときに仕事で大失敗をして、地方の営業所に左遷が決まりまして。もともと居心地の悪い会社だったし、このまま定年まで田舎で冷や飯を食わされるくらいなら辞めてやろうと思って。

そこからはクレーンゲームだけで、妻と2人の娘を養っています。信じられないかもしれませんが、十分食べていけるんですよ。

だいたい月収で35万円くらいですかね。ひと月10日は休むんで、20日間で35万ってとこですね。1日あたり2万弱は稼いでる計算になります。

仕組みはカンタンです。取った景品をネットオークションやアニメショップ、レンタルショーケース（店舗にあるショーケースを間借りして開く個人商店）で売りさばくだけですから。

箱に入ったフィギュアは、ざっくり言うと500円で取って1500円で売って千円の儲けって感じですね。

キーホルダーなんかは200円で取って500円で売れるから300円の儲けですね。

1日で2万円を稼ぐには、箱フィギュアを1日15個と、キーホルダーを20個くらい取らなきゃなんない計算になります。まあ、それくらいならなんとかできるもんですよ。

「押す」「ズラす」が現在の常識

なぜそんなに取れるのか？　って部分は企業秘密になるんで、ちょっとボカしながら話しますね。

まず最初に、今は「摑んで、持ち上げて、落とす」みたいなやり方で景品を取れるクレーンゲームはほとんどないんです。一見そういうツクリにはなってますけど、摑み切れるような握力はないです。実際の落とし方は、アーム（UFOから伸びている腕）で景品を「押す」か「ズラす」かして、それを何度か繰り返して穴まで誘導するのが基本です。

それでいざ景品を取ろうとなって、まず最初にやるのは、店がどのくらいの設定で台を設置しているか判別すること。アームの移動スピードや摑む力の強さ、爪の角度、可動域の限界などですね。

これは店員が自由に設定できるので、店のクセを読むことも重要です。今日はあの社員がいるから、摑みは悪くないけどアームの移動は速めだから、操作をシビアにやらないとな、みたいな。

それらを頭に入れて、どう狙ってどう景品を動かすか、最終的にはどうやって落とすか作戦を練ります。

そのためには景品の重さや、箱の中にどういう向きで景品が入っているかを知ってないとダメです。

たとえば、「ねんどろいど」シリーズなんかだと顕著なんですが、美少女キャラの造形って、頭が大きくて、身体の線は細いですよね？　それだと、確実に箱の上部の方が重たいことになります。

先ほどの「押す」「ズラす」では、箱の軽い部分を狙っていくことが基本なので、この場合は箱の下部を狙わないといけない。

逆にメイドのキャラなんかはフリルのついたスカート部分、つまり真ん中が重かったりしますね。だから箱の端っこを狙うんです。

つまりどっちにせよ、重い部分を軸に回転させるようにして、穴に落ちやすい形にしていくんです。

作戦が決まれば、狙ったところへ正確にクレーンを動かします。1ミリのズレもなくです。少しでもズレるとまったく景品が動かないで100円損しちゃいますし、下手すると余計に取りづらくもなります。

判別→計算→操作。この3つをどれだけ正確にやれるかです。どれか1つでも欠けていると、金にはなりません。

必ず想定していない取り方やミスが生まれる

これからいくつかパターン毎に取り方を紹介しますが「この形ならこうすれば絶対に取れ

る」というものはありません。あくまでアームの設定と、箱のサイズや重さによってベストな取り方は異なってくるので。参考程度ということでお願いします。

橋渡し型

橋のように配置されたパイプのスキマから箱を落とす、一番スタンダードなタイプですね（写真1）。箱フィギュアの8割はこのタイプじゃないですかね。これだったら500円くらいで取れるかな。

手前の箱を狙うわけですが、この向きじゃどうやっても落ちないので、まずは横向きにしていきます。右のアームで右奥カドを狙って、反時計回りに回転させる（写真2）。これは胸像タイプなので、重い中心部分を軸にして回転させるというイメージですね。

手前の角がまだ下のパイプに引っかかっているので、そこを狙って角を落とします（写真3）。するとバランスが崩れて縦に

①

②

③

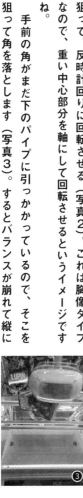

なる。取れそうな感じになってきましたね（写真４）。後は奥を何度か持ち上げると箱が垂直に近くなってくる（写真５）ので、最後はアームで上から押し込んで終わり（写真６）です。

このタイプは設定が悪いことも多いので、ダメだと察知したらあきらめる勇気も大切です。

ストラップ型

ストラップのような形をしたプラスチックが景品にくっついてるタイプです。アームでストラップを引っ掻いて落とすタイプの機械（写真７）ですね。

一見カンタンそうですが、このタイプはアームの力が相当弱く、正攻法で取るのはかなり難しいんです。

ですが、このタイプは個数制限がないことが多いので非常にオイシイ稼ぎ頭です。なのですみませんが、詳細は伏せさせてください。

景品が●●で掛かっているとき、アームを●●●●するとアー

④

⑤

⑥

ムが●●●●●●ってストラップにぶつかり、ストラップごと落下する。なので位置さえ正確にセットできれば、必ず１００円で取れます。

この写真は女性向け人気アニメ「アイドリッシュセブン」のキャラですね。これは１個１５００円で売れます。確実に１００円で取れるものが１５００円になるんで、ちょっとしたバブルのような状況です。見つけたら店員からストップされるまで取り尽くしますね。

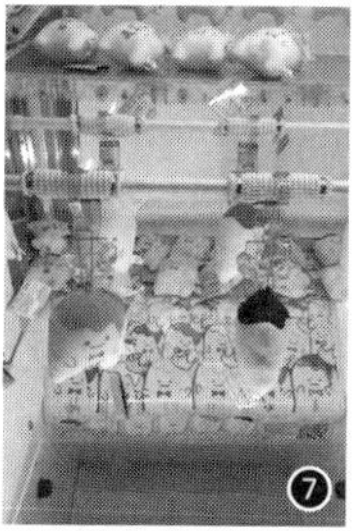

C字フック型

C字フックで棒の上に景品を引っ掛けてあるタイプの機械ですね。ぬいぐるみはこのタイプが多いです。

これも一見カンタンそうに見えますが、実は棒の部分にフックが落ちないための溝が掘ってあって、フック自体をいじってもそう簡単には落ちないようになっているんですよ。

ではどうするか。フックがかかっている棒の先端を狙う（写真８）んですよ。そうすると棒が持ち上がって弓のようにしなって、

溝からフックが外れて、一発で落ちます（写真9）。こういう発想ができることが重要ですね。

ペラ型

箱についている紙ペラの穴にアームを通して、右にある穴まで引っ張るタイプですね（写真10）。これもペラを狙ってしまうとワントライにつき数ミリ～1センチしか動かない。どれだけ操作が正確でも、取るのに2000円以上かかってしまいます。

ですが箱の●●ギリギリをアームで押すと、●●●いる間は軽い箱なので●●んですよ。アームが離れて箱が●●●ときの●●で、一気に数センチ移動します。この方法なら500円で取れます。

⑨

⑩

三本爪

これは突っ込んだ金が規定金額にまで達しないと取れないようになっている〝確率機〟ですね。アームが3本ある機種（写真11）（写真12）はすべて確率機とみていいです。3000円～5000円まで突っ込まないと本来なら取れません。

規定金額に達しないうちは、途中まではいい感じに摑めるんですが、アームが頂点に行った瞬間、急に力が抜けて落っことすんですよ。

でもこれ、逆に考えると「頂点に達するまでは必ず摑める」ってことですよね。それを利用して●●に●●る。そのあと、無理やり●を●●るように●●●●で持ち上げれば、かなり強引ですけど取れますよ。これは気付いている人がかなり少ないですね。

トコロテン型

棒を操作して穴に入れ、景品をトコロテンのように押し出すタイプの機械（写真13）ですが、これも確率機です。

規定金額に達するまではどれだけ正確に操作をしても、取れない位置に棒が滑るようになってる。

これは三本爪と違って、完全な出来レースなので私はやりません。今のところ、これをどうにかする方法は見つかっていない。

⑪

⑫

⑬

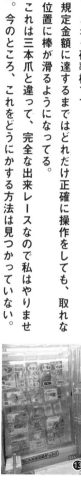

同じ人が20分以上お金をつぎ込んでいて、取れずに帰ったのを目撃したときだけ触ります。規定金額が近付いている可能性が高いので。いわゆるハイエナですね。

以上、橋渡し型以外の手順はすべて、店側の想定していない取り方で、正攻法とは呼べない奇策です。

クレーンゲームを設定する側も人間なので、必ず想定していない取り方やミスが生まれます。盲点を突いた奇策は、通常の手順よりも遥かに早く取れるので、収支を大幅にアップさせます。

こういう発想ができないと、専業で食べていくのは難しいでしょうね。

秋葉原のTはプロを排除

よく「遊んで金がもらえるなんて、いい身分だな」って言われますが、決して楽な仕事ではないですよ。箱フィギュアとキーホルダーを合わせて1日あたり40個近く取ってますし、移動時間含めてだいたい、1日10時間ほど働いていますから。

ほとんどの景品には「1人1つまで」という制限があって、たくさん取るには何軒もゲーセンを回らなきゃいけないんです。それに同じ店に連続で行くと店側の心証が悪くなるので、毎日エリアを変えますから。

秋葉原や新宿、渋谷といった繁華街は設定の甘い店が多いから、本当は毎日行きたいところですがね。ま、東京だけでもゲームセンターは４００軒以上あるので、エリアを変えてもなんとかなってるってとこです。

なぜこうまでして店側の機嫌を損ねないようにするかというと、乱獲して店に嫌われると、結果的に損するからです。

秋葉原の〝T〟なんかは、私たちのようなクレーンのプロが景品を乱獲した結果、プロを排除しようとする方針になってしまいました。

例えば、クレーン操作をミスして、取れない位置に景品を動かしてしまったとしますよね。普通のお客さんが店員さんに「景品を元に戻してくれ」と頼めばもちろんやってくれるんですが、私たちが頼んでも完全に無視。他にも、プレイ中の台の電源をいきなり落としたり。もう客と思われてないんですね。新人の店員でも同じ対応なので、おそらく事務所に人相書のようなものが貼られているんじゃないですかね。

秋葉原の〝T〟はやりすぎだとしても、毎日通って乱獲していると出禁にしてきたり、酷い対応をしてくるところは他にもあります。

逆に、やり過ぎない範囲で取っていれば「このお店はちゃんと取れるんだ」と他のお客さんが認識してくれて宣伝にもなるので、好意的に見てくれます。共存関係といいますか。

店員とコミュニケーションを取ることも重要です。特に、ゲーム好きが高じて店員になったようなタイプは利用価値があります。設定をキツくしたいときにどう置けばいいかアドバイスしてあげたりして協力関係を築いておけば、こちらが〝仕事〟をしに行ったとき、配置を甘くしてくれたり、1人1つまでの景品を複数取っても、コッソリ見逃してくれたりしますからね。新作の入荷情報なんかもリークしてくれるので、店員と良好な関係を築くのは必須です。

そうやって雑談なんかをしつつ、1日に8〜10軒くらいのゲーセンを回る毎日ですね。家に帰るころには車の後部座席がパンパンですよ。

「俺らのシマで何してくれてんの？」

店舗に目を付けられる以外の苦労もありますよ。

面倒なのはゲーセンにたむろしてるガラの悪い若者。以前、練馬のゲームセンターで設定が甘い台があって、土台のアクリル板を持ち上げられたんですよ。そうすると設置してある景品から見本用の景品まで全部落ちてきて、盤面にあるものすべて１００円で取れてしまった。

そうしたら地元のヤンキーに後をつけられてて、駐車場で「おいオッサン、俺らのシマで何してくれてんの？」って絡まれて、「死にたくなかったら今まで稼いだ金全部出せ」って言われて。彼らはクレーンゲームに興味なんかないんでしょうけど、自分らの地元で好き勝手やられてるのが面白くなかったんでしょうね。

死ぬほど怖かったですけど、こっちもこれで家族を養ってるんで、貯金は渡せない。結局、二度と練馬ではやらないと約束して、財布の有り金を渡して許してもらいました。あれは怖かったですねえ。

逆に良かった話と言えば、大手チェーンの●●●系列。基本的に厳しい設定の台が多くて、プロ殺しと言われてるんですが、その日だけはものすごい甘くて。

普通、アームはここからここまでしか動かない、っていう限界設定があるんですが、その調整がされていなかった。社員が１人もいなかったので、インフルエンザか何かに集団感染して、バイトだけで調整をしたんだと思うんですけど。

限界がないから、見本用のディスプレイにアームをぶつけると、ピラミッド状に積んであるフィギュアが一気に10個くらい落ちてきて。他の台も同じような感じで限界まで取りまくりでした。あの日は1日で10万くらい儲かったんじゃないかな。

あと、田舎のゲーセンはどんなもんだろうと思って、一度東北まで遠征に行ったことがありまして。確かに設定は甘くて取れることは取れるんですが、景品がショボい上にゲーセンが少ないので、結局収支はトントン。ガソリン代と宿代だけ損する始末でした。都会の方がやりやすいですね。

オークション作業は妻が協力

家に帰ってからは、景品を

・オークション用
・レンタルショーケース用
・アニメショップ用

と、さばく場所別に仕分けます。モノによって高値がつく場所が違うので、パソコンやアニメショップの買取表とにらめっこです。

基本はオークションサイトです。どの景品を出すかは私が決めるんですが、細かい設定や梱包、発送などは妻にやってもらってます。これだけでも手間がだいぶ減るんで、助かりますね。

で、同じものを大量に流しすぎたり、人気のないグッズを出したりすると安くなってしまうので、それを回避するためにレンタルショーケースやアニメショップを使う感じですね。

駅前にあるようなレンタルショーケースは、知名度のある作品や人気キャラのグッズなら、相場の4倍くらいのボッタクリ価格を付けて出しても売れることがあるんです。観光の外国人とかが買ってるんじゃないかと思うんですけど。

具体的には「ワンピース」や「ドラゴンボール」「ルパン三世」などの一般向けアニメですね。特に「ワンピース」はキャラが多くて、クレーンの景品でしかフィギュア化されないキャラなんかもいるので。

アニメショップは買取額は安めなんですが、即金で買い取ってくれるので、人気が下がり始めたグッズや、ヤフオクに出しすぎると相場が下がりそうなものを処分するのに重宝します。時たまオークションより高値がつくこともありますしね。

この商売をやっていて怖いのは、景品の人気が乱高下することです。最近なら萌え系が大

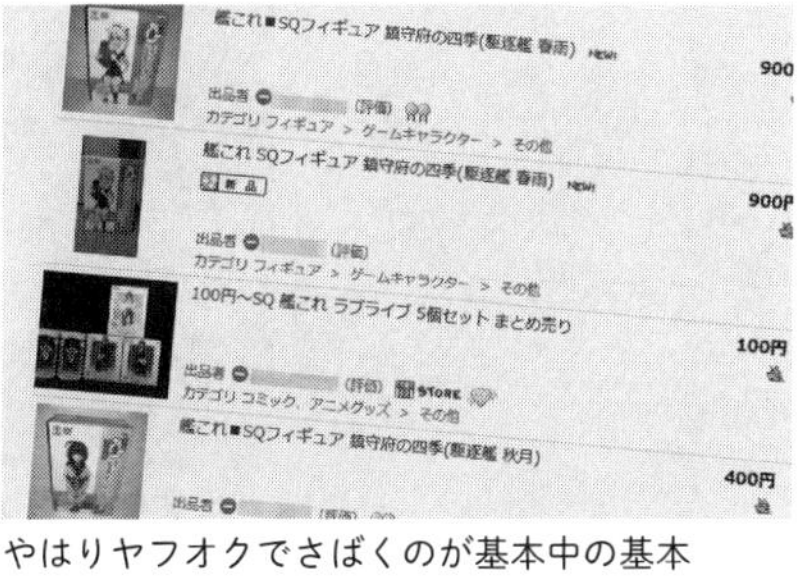

やはりヤフオクでさばくのが基本中の基本

暴落しました。

安定してさばけていた萌えアニメグッズの相場が、暴落したんです。グッズ業者が市場に大量に参入してきたのと、「ラブライブ」などの人気アニメブームの終了が同時に来たのが原因でしょうね。

2000円くらいで売れてた萌えアニメのフィギュアが、今だったら300円で落札されることもザラですからね。最近では「艦隊これくしょん」の人気キャラくらいしか高値がつくものはないです。

今オイシイのは「アイドリッシュセブン」や「おそ松さん」などの女性向けアニメグッズですね。

女のオタクは男よりも収集欲が強くて、安定して高値が付くんです。特にその作品の人気キャラは取り合いが半端じゃない。1キャラだけ他のキャラの3倍くらいの値段で落札され

一般受けするものはレンタルショーケースで販売する

たりします。なのでマメに女オタクのツイッターを観察して、どのキャラが人気なのかをリサーチしてますね。

女性向けアニメが流行り出したのはここ2、3年のことなので、まだまだ需要は加熱すると踏んでいます。

娘たちに自分の仕事をどう説明するか

こんな仕事でどうやって家族を養ってるかってことですけど、まあ、普通ではないにしろ、メチャクチャってことでもないですよ。

基本、土日祝は休みです。休日はゲーセンの客足が増えて、お金を突っ込む人が多いので設定がキツめになるんですよ。

休日は娘と遊んでます。娘は小学2年生と保育園なんで、可愛い盛りですよ。ヨソのお父さんよりイクメンなんじゃないですかね?

平日の朝は7時ごろに起きて、家族揃って朝食を食べます。夜遅くまでゲーセンにいるため、夕食は一緒にいられない。だから朝食は揃って食べることにしてますね。

8時ごろ、娘たちが学校に行くのを見送ったら新聞やテレビでニュースをチェックしつつ、その日の巡回ルートを決めます。

昨日は赤羽～渋谷間の駅沿いルートを回ったから、今日は郊外のゲーセンを攻めるか、みたいな。

9時になったら、ツイッターやアニメ系のまとめサイトで、オタク界の動向をチェック。映画化や続編が決定したアニメグッズの価値は高くなるので、毎日チェックしてないとダメですね。

逆に、アニメキャラの声優が男と付き合ってることが発覚したりすると、その声優の担当したキャラのグッズは暴落するんです。オタクの間には、声優に対する処女信仰みたいなものがあるので。

11時ごろになったら、車に乗ってゲーセンへ向かいます。ゲーセンはどこもだいたい10時開店なんですが、開店直後に向かうと目立つので、少し時間を空けるわけです。

買い取り額のチェックは欠かせない

昼過ぎにゲーセンへ着いたら、あとは22時過ぎまでひたすらクレーン。向かう場所にもよ

ります が家に帰るのは23時ごろですね。帰ったら妻にヤフオクの動向を聞いて、その日の帳簿をつけて就寝です。

本来なら、クレーンゲームの収入なんてわかりっこないので、税金は払わなくてもバレないとは思います。私の仲間も誰一人確定申告なんかしてないんですが、私はクレーンに使った額、景品を売却した額、その他かかった経費を帳簿につけ、玩具の販売店ということで確定申告をしています。

ただ、娘たちに自分の仕事をどう説明するかは迷いますね。そろそろ父親のしてることがわかるようになってくる時期じゃないですか。授業で「私のお父さん」みたいな作文があってもおかしくないですし。

保護者同士で「お仕事は何をされているんですか?」とか聞かれるのが嫌なので、授業参観やPTAの集まりなんかは、妻に任せっぱなしです。

娘も今はまだ「お父さんはスーツ着ないの?」くらいで済んでますけどね。一応、景品を保管している部屋には鍵をかけて、ヤフオクの発送などは娘たちが学校にいっている時間にやっているんですが、ごまかすのも限界があるし、いつかはちゃんと向き合わないといけないときが来るでしょうね。そのときに娘がショックを受けないかが心配です。

テレビを眺めて年収800万!

たばこ屋は気楽で儲かる稼業ときたもんだ

リポート
吉田徹夫(仮名)
51歳、都内で3代続くたばこ屋を経営

『裏モノJAPAN』2013年2月号掲載

あくせく働きまくるサラリーマンの平均年収が400万といわれるこの時代に、日がな一日、のんきにテレビを眺めてばかりの仕事なのに、年収800万ももらえる仕事がある。たばこ屋だ。

もちろん全国すべてのたばこ屋がこんなにオイシイわけではない。潤っているのは、都会の繁華街や商店街にある店に限った話だ。

しかしそれにしてもどうだろう。あの、毎日毎日ヒマそうにしているおっちゃんたちが、なにゆえそれほどの高収入を得られるのか。その一方で廃業に追い込まれている同業者もゴマンといるというのに。

吉田徹夫氏（仮名51歳）は、都内で3代続くたばこ屋の主人だ。「ホント、こんなにいい商売はないですよ」と断言する彼の話を通して、その秘密を探ってみるとしよう。

なぜあんなダサイ仕事を継がなきゃならんのだ

私の実家はたばこ屋だ。戦後まもなく、兵隊から戻った祖父が、曾祖父から相続した土地を売り払い、その金で6坪の小さな土地を買って現在の店をはじめた。当時は2階が自宅になっており、一家はそこで寝起きした。

その後、祖父は病気をわずらって引退し、父が後を継いだ。勤めていた会社をわざわざ辞めてまでそうしたのは、祖父のたっての願いだったらしい。昭和40年、私が4歳のころだ。小学生のころ、私は学校帰りによく父の店に寄り道をした（このころ自宅は店と別のところにあった）。

子供の目から見た父の働く姿は、まあ何というか、お世辞にも勤勉とは言えなかった。ラジオを聞いてイスに座っているか、近所の八百屋のオヤジと無駄話しているか。そうでなければ店の奥でごろ寝しているだけなのだから。子供ながらになんて怠けた人間なんだと呆れたほどだ。

ただ店の周囲にたくさんの飲み屋や商店が建ちはじめ、町が急速ににぎやかになっていくと、父の店もそれなりに忙しくなった。ひっきりなしにやって来る客に、あたふたと接客する父の姿は、今でもよく覚えている。

自分の家が裕福だったという実感は当時の私にはない。ただ、2つ上の姉に続き、私も私立大学への入学が許されたときはちょっと意外だった。

うちってそんな金あるんだ？　あんな小さ

なたばこ屋のくせに。

父からたばこ屋を手伝うよう勧められたのは、大学3年のころ、そろそろ就職活動をはじめようとしていた矢先のことだった。

「俺と一緒に働いて、ゆくゆくは店を継ぐ気はないか」

「はあ？　何言ってんだよ親父。あんなたばこ屋なんか継ぐわけないだろ」

正直な気持ちだった。大学まで出ておきながらなぜあんなダサイ仕事を継がなきゃならんのだ。ヤダね、絶対ヤダ。

父の誘いを一蹴し、私はとあるスポーツ用品店に就職した。が、あまりの激務に音をあげ、わずか2年で仕事を辞めると、待ってましたとばかりに父が言う。

「たばこ屋、一緒にやらんか？　俺の代で潰しちまうのはもったいないよ」

1度社会に出て、サラリーマン生活の厳しさを知ったいま、私の心境は以前と大きく変わっていた。たばこ屋もさほど悪くないんじゃないのか。

儲かるとは到底おもえないが、少なくとも、俺や姉貴が私立の大学に入れる程度の稼ぎはある。それに何よりラクそうなのがいい。やるか。

「親父、よろしく頼むよ」

「おう、がんばれよ」

かくして、私は父の雇用人として働くことになった。

たばことお金を交換するだけの単純な繰り返し作業

想像していたとおり、仕事の内容は笑ってしまうくらいヌルかった。毎日、午前11時前に自宅から徒歩10分の距離にある店舗へ（自宅も店も持ち家のため家賃は発生しない）。

そこから夜9時までは、父と2時間交代で窓口に座り、ひたすらたばこを売るだけだ。それ以外は奥の部屋でゴロゴロしているか、たまに店の外にある自販機にたばこを補充するくらいしかやることがない。ガキの使い以下である。ただ、窓口での忙しさは予想を超えていた。誰か1人が来ればまた直後に1人、さらにもう1人といった感じで、とにかく朝から晩まで客足が切れないのだ。

具体的な数字を見た方が実感しやすいかもしれない。1日の平均たばこ販売数はなんと850箱。10時間営業でこの数字だから、1分だと約1・4箱だ。客の中にはカートンでまとめ買いをする人も多いが、それを加味しても客1人

の来店ペースは2、3分に一度くらいと考えてもらって差し支えない。

繁忙の理由は、店の立地条件にある。飲み屋が軒を連ねる繁華街のど真ん中。近くにはターミナル駅にオフィス街。デパートも目と鼻の先だ。この状況では、客に来るなと言う方に無理がある。

まさに休まる暇もないといった感じだが、それでもサラリーマン時代の苦労とは比べようもなかった。いくら忙しいといっても、こっちは、たばことお金を交換するだけの単純な繰り返し作業に過ぎない。気楽さという意味では、100倍は上だった。

「はい、ご苦労さん」

1カ月後、父から給料袋を手渡された。さてどれくらいもえるのか。実はこのときまで、給料がいくらなのかあえて聞いていなかったのだが、中身を見て目を丸くした。前の職場より3万円多い20万ジャスト。大卒男子初任給が14万強だったこの時代、私の年齢が25才だったことを考慮してもなかなかの厚遇だろう。

たばこ屋にはライバルが存在しない

3年後の89年、父がガンで亡くなり、正式にたばこ屋を継ぐことになった。もっと具体的にいうと、たばこ事業を管轄している財務局に申請を出し、父の持っていた免許（たばこ小売業販売許可証）を法的に継承したのだ。

といっても具体的に何かが変わるわけじゃない。基本的な仕事内容はこれまで通りだ。

ただちょっと、晴れて新オーナーとなったからには、それらしい試みもしてみたくなった。

何年もほこりを被って放置されてる売り物の雑貨類などを棚から一掃し、代わりに葉巻や洋物のたばこを大量に仕入れ、本格的なたばこ専門店を目指す。古めかしい内装を明るく塗りかえる。営業時間を夜10時まで延長する。

たったこれだけでも、店の活気はさらに増した。父の代からの常連はそのままに、新しい顔なじみもみるみる数を増やしていく。

いつのまにか1日の売り上げは22万円(1箱220円×1000箱)を前後するようになっていた。

たばこ屋は1箱売ると、定価の1割が利益になる。だから毎日2万2千円が懐に入ってくるわけだ。年収にして680万のペースである。

そうこうするうち結婚して子供にも恵まれた。小さな我が子を腕に抱き、つくづく思うのは、やっぱり父の後を継いで正解だったということだ。

ご存じのとおり、たばこの値段は政府の意向によって決められている。個々の販売店が勝手に価格を変更することは許されず、220円なら220円で売るのがルールだ。家電量販店のようにセールをウリにして、客を呼び込むことなど絶対にできない。

そうなると、売り上げを左右する唯一にして最大の要素は、店の立地条件しかあり得ない。

その意味で、祖父の代から続くこの店は、先述したとおり、シャッターさえ開ければ客の方からドシドシやって来てくれる、文句の付けようのない環境といえた。

もしこれが、都心からちょっと離れた町にある商店街だったら、そこまでの売り上げは望めない。いいとこ半分くらいのものだろう。住宅街のたばこ屋ともなると、さらに3分の1以下まで落ちるのではないか。同じような店で同じものを売っているのに、場所が変わるとこうも違うのだ。

それほど美味しいエリアなら、同業者がこぞって参入し、パイの取り合いが起きてもおかしくないが、そういう心配は皆無だった。

なぜなら、新たに販売許可を申請する場合、半径50メートル以内に既存の販売店があると、開業できない決まりがあるからだ。よって、たばこ屋にはライバルというものが存在し得ない。まさに早い者勝ちの世界なのだ。

自販機を置くだけで年収230万アップ

たばこ屋には店頭販売での収入以外にもうひとつ、別の収入源がある。店の前に置かれた自販機だ。

ああいった自販機は、要請のあったたばこ屋に、ＪＴが

設置しているもので、その売り上げはすべてたばこ屋のものになる（JTが事前に実地調査し、店前の通行量や店舗の売り上げの度合いによって設置台数が決まる）。

私の店には自販機が3台あった。父と2人で店を切り盛りしていたころの1台に、自分の代になって2台増やしたのだ。

また、自販機の設置は原則、店舗の敷地内のみと法律で定められているが、出張販売許可を申請すると、店舗から離れた居酒屋やクラブといった飲食店にも置くことができる（JTの実地調査あり）。むろん、その場合も売り上げは設置者であるたばこ屋に入る。

私の場合、はじめて飲食店に自販機を置いたのは、90年か91年のことだったと思う。仕事帰りにいきつけの居酒屋へ足を運んだところ、そこの大将に頼まれたのだ。

「あのさあ、うちにもたばこの自販機入れたいんだけど、お願いできないかな？」

売り上げはすべて私のものになるのだから、一見、大将には何のメリットもなさそうに思えるが、もし自販機があれば、喫煙客にとってその店の価値は上がる、つまり集客に繋がるわけだ。

以後も似たようなことがちょいちょいあり、いつのまにか店前の3台を含めて、計10台の自販機を置くようになった。

これがなかなかの優等生だった。もっとも高い売り上げを出す台で年間620万（利益

62万）、少ないものでも３４０万（同34万）。トータル10台で、ざっと２３０万の利益になったのだ。

これにより、その年の年収は、店頭販売の６８０万と合わせて、９００万をオーバーすることに。いや〜、こんな簡単に稼げていいいんだろうか。

周囲にはこんなことを言う人間もいた。どうせなら、もっと自販機の数を増やせばどうか。置いておくだけで勝手に稼いでくれるうえ、人件費もタダならいいこと尽くめだろうと。

たしかにそれも一理ある。実際、自販機を設置してもらおうと、いろんな飲食店に話を持ち掛けて回る同業者もいると聞く。

問題は、自販機の集金や品物の補充を設置者自らが行わなければならないことだ。夜10時に店を閉め、それからあちこちの店に足を運んで作業するのはいかにもシンドイ。店頭販売で思うような利益を出せてないならいざ知らず、すでにガッポリ稼いでいる私には10台で十分だ。

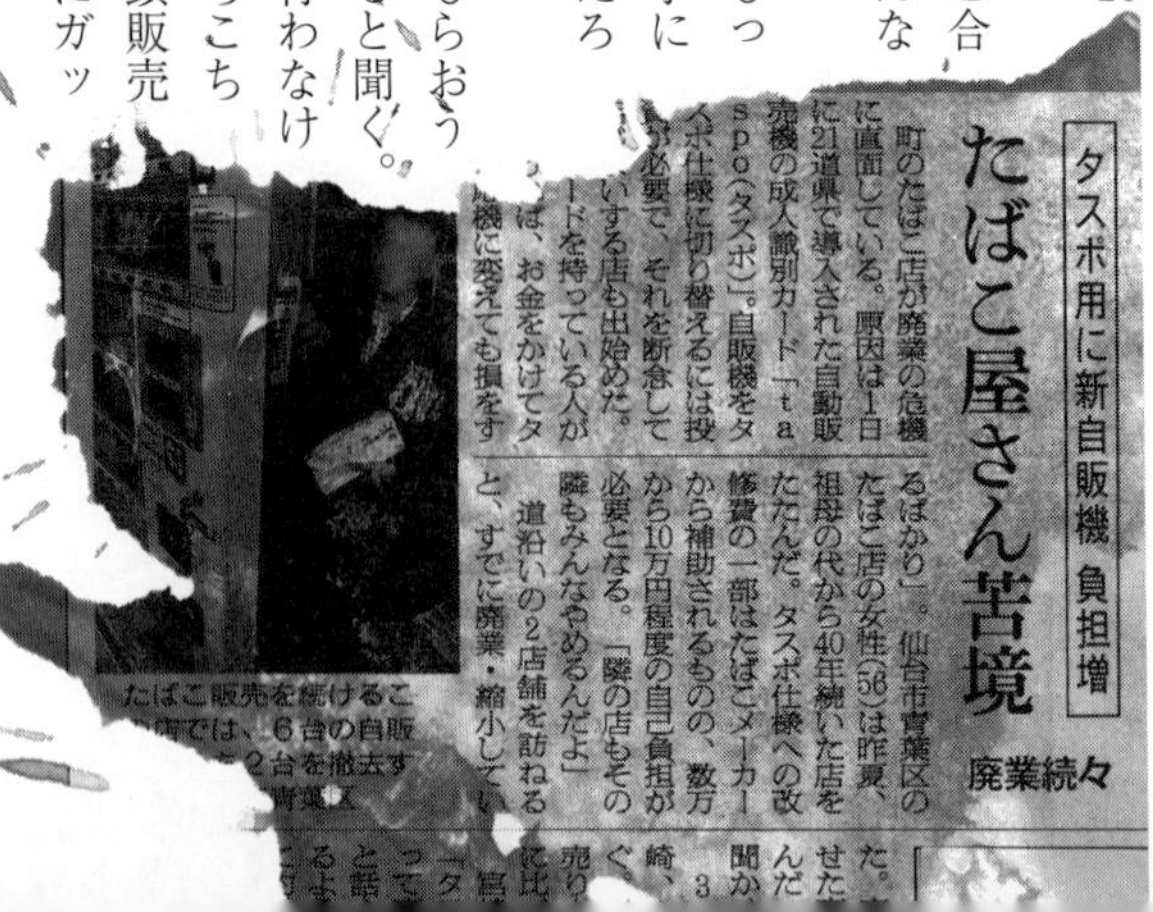
タスポ用に新自販機 負担増

たばこ屋さん苦境

廃業続々

町のたばこ店が廃業の危機に直面している。原因は1日に21道県で導入された自動販売機の成人識別カード「taspo（タスポ）」。自販機をタスポ仕様に切り替えるには投…必要で、それを断念して…する店も出始めた。…ードを持っている人が…は、お金をかけてタ…販機に変えても損をす

るばかり」。仙台市青葉区のたばこ店の女性(56)は昨夏、祖母の代から40年続いた店をたたんだ。タスポ仕様への改修費の一部はたばこメーカーから補助されるものの、数万から10万円程度の自己負担が必要となる。「隣の店もその隣もみんなやめるんだよ」

道沿いの2店舗を訪ねると、すでに廃業・縮小して…

たばこ販売を続けるこ…店では、6台の自販…2台を撤去す…青葉区

タスポでの落ち込みも大幅値上げで挽回

たばこ屋のいいところは何と言っても融通の利くところだ。

ふとゴルフに行きたくなれば、前の晩に「本日は休業いたします」の紙を表に貼っておけばこと足りる。仕事中に眠くなれば、入口に「外出中」の札をかけて、奥の部屋で昼寝もできる。ときには常連客と喫茶店でコーヒーを飲むなんてのもありだ。昔からたばこ屋にはそういうことをやっても許される、どころかそのほうが愛される空気がある。こんなお気楽な商売もそうはない。

ノルマに追い立てられることもない。嫌な上司にいびられることもない。ストレスとは無縁の人生だ。

ただ、そんな私も、常に能天気でいられたわけじゃない。

02年、突如、店の近所に、たばこ販売のコンビニが出来ると知らされたときは腰を抜かしそうになった。規制が緩和され、半径50メートル内に既存の店があっても、新規参入が可能になったのだ。

恐れていたとおり、コンビニが進出してくるや、さっそくその月の売り上げが2割落ちた。もうダメかも。あっちは24時間営業だし。

一応はこちらも対抗策を用意して打って出た。カートン買いしてくれた客には特製100円ライターや携帯灰皿をサービスし、アメやガムをプレゼントし。他にも銘柄を今まで以上に増やしたり。

それが理由だとはとても思えないのだが、驚いたことにある時期からリピーター客が一気に増えはじめた。売り上げも徐々に前の水準まで持ち直していく。

いったい何故なんだろう。私としては営業努力のおかげと納得したいところだが、本当のところは今もわかっていない。

危機はまたすぐ訪れた。

そう、タスポ導入だ。こいつの破壊力は本物だった。

全国規模でたばこ自販機の売り上げが激減し、私の管理する10台も、軒並み3分の1まで落ち込むはめに。たばこ屋を継いで24年。これまで経験したことのない強い危機感を私は覚えた。

同業者たちも顔を合わせれば、お約束のように不安を口にした。

「いやーまずい、商売あがったりだよ」

「うちもうちも。ホントなんであんなもん導入しちゃったんだろうねぇ」

しかし2年後の10年、奇跡が起きる。

それまで３００円だったたばこ料金が４１０円~４４０円に大幅値上げされたことで、同時にたばこ屋の売り上げが伸びたのだ。販売個数は下がったにもかかわらず。つまり、料金の値上げ率が喫煙人口の減少率を上回ったのだ。

私の店の場合、タスポ導入前年の07年度の年収が９１０万だったのに対し、10年は１０４２万と、大台を突破している。自らの努力はいっさいなく。

★

時代の波に呑まれて廃業してゆく同業者がいる一方、私のようなたばこ屋も全国にはザラにある。立地条件さえ恵まれているなら、これほどオイシイ仕事はないのだ。

が、来年予定されている値上げは、最低でも５００円に、もしかすると１０００円越えかもと言われる、前例のない爆発的なもの。今度こそ町からたばこ屋がなくなるのではと、世間は悲観的な声で溢れている。

それでもしぶとく生き残り、どころか売り上げアップをさせホクホクしたいところだが、さてどうなることやら。（構成・高木瑞穂）

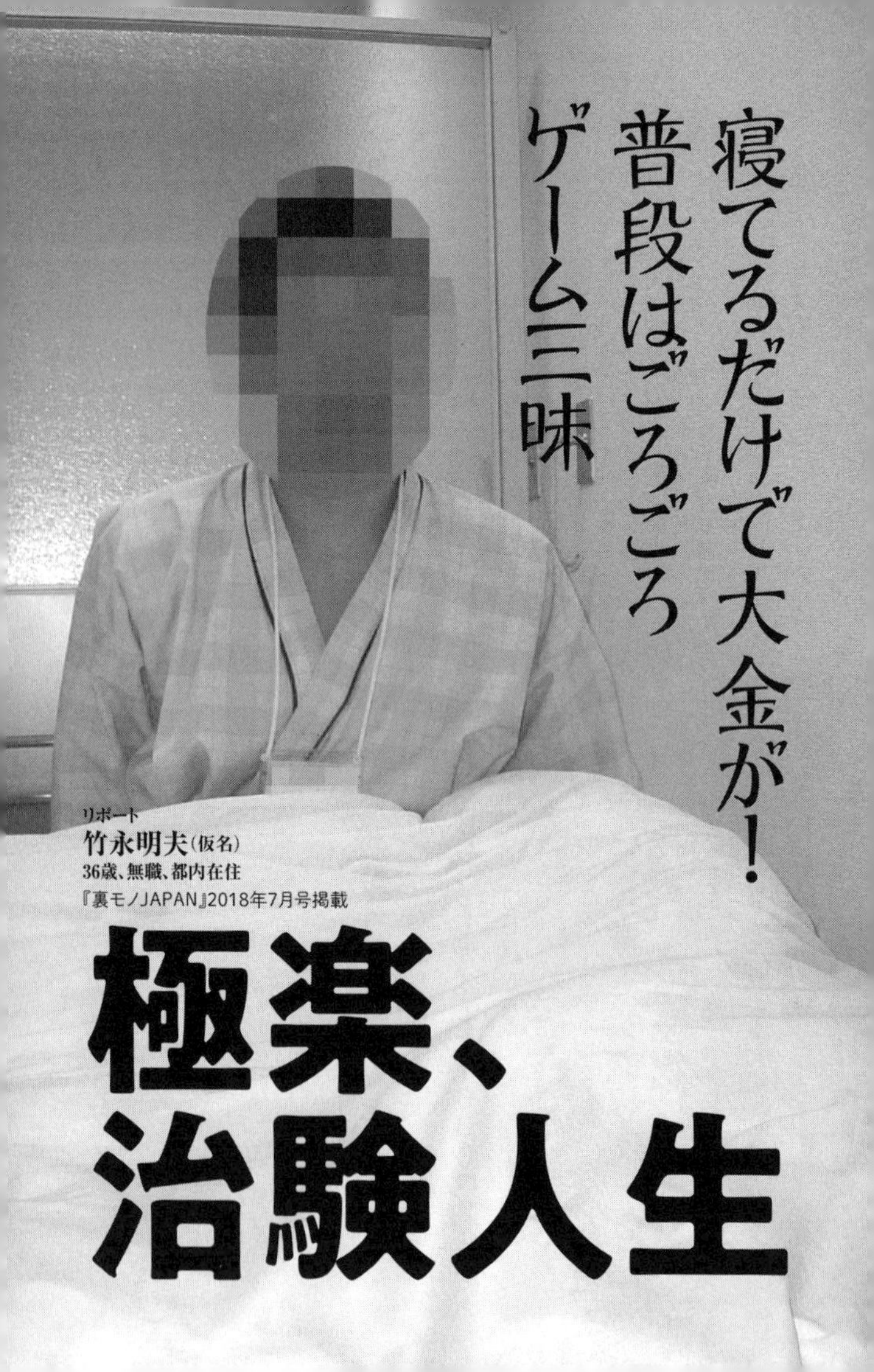

寝てるだけで大金が！
普段はごろごろ
ゲーム三昧

リポート
竹永明夫（仮名）
36歳、無職、都内在住
『裏モノJAPAN』2018年7月号掲載

極楽、治験人生

年収200万。

現在、俺の生計はこの程度の稼ぎで成り立っている。36の独身男としては寂しい額なのだろうが、贅沢をしなければ、そこそこゆとりの生活は送れるし、貯金だってできる。個人的な不満はない。

どころか、ちょっと自慢したい気分だ。というのもこの200万、何かしらの労働で得ているのではなく、来る日も来る日も、ただ食っちゃ寝を繰り返すだけで、懐に入ってくるカネなのだから。

この5、6年、俺は治験ボランティアだけでメシを食っている。たまに日雇いバイトのようなこともするが、それでも年間を通してみればわずか20日ほど。治験一本で食っていると断言しても、差し支えないだろう。

働かずとも生きていける境遇。誰もが1度は憧れる生活。そこに至るまでの経緯、そして現在の俺の暮らしぶりについてお話ししよう。

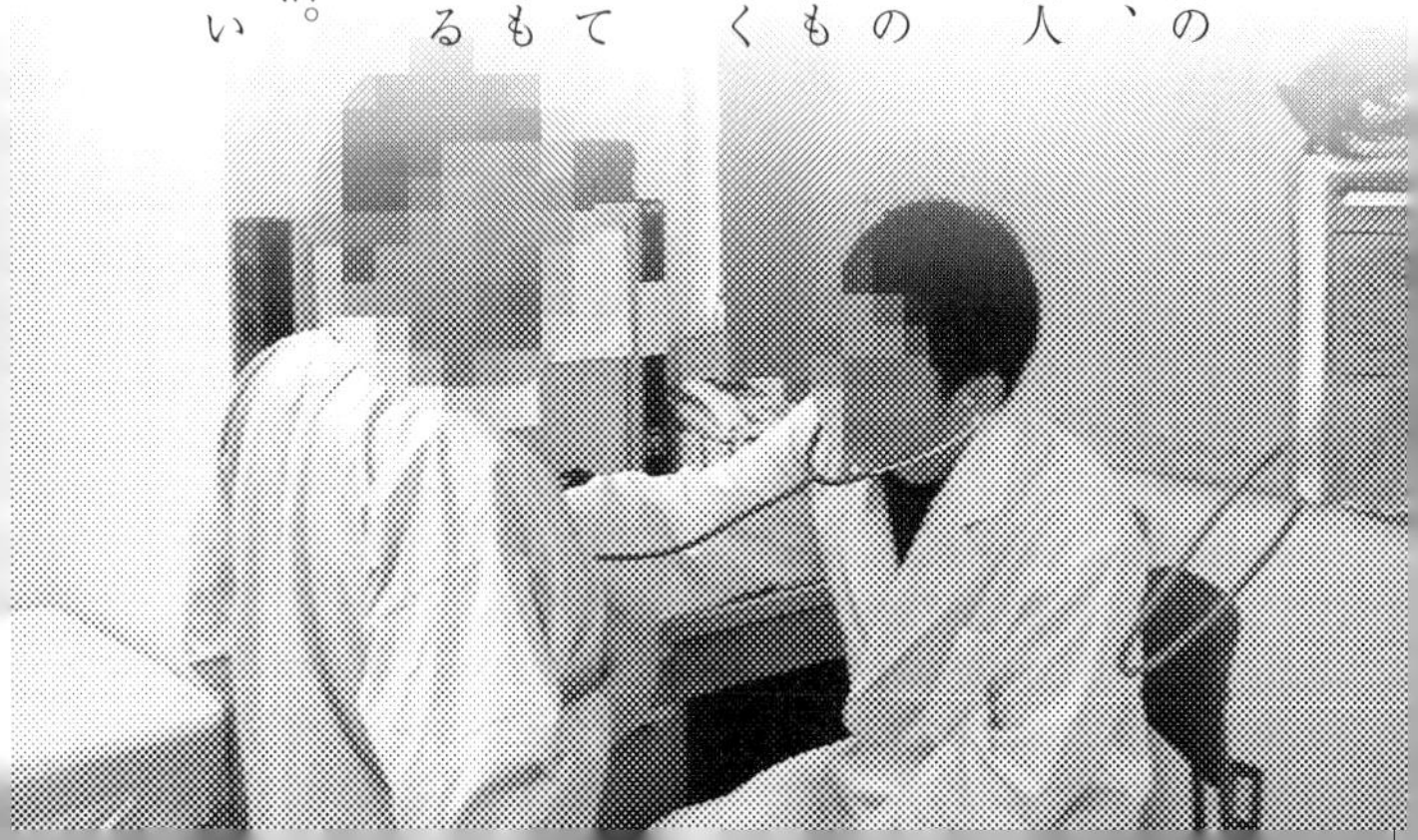

得体の知れない薬の実験台に使われるなんて

俺が初めて治験を経験したのははるか12年年ほど前、まだ24歳のころだ。

当時の俺は、大学を卒業するも定職に就かず、浮き草のような人生を歩んでいた。バイトを転々としながら、年に1度、東南アジアで2カ月ほど遊び呆ける。先のことなど少しも考えず、ただ目の前の楽しさに夢中になっていた。

短期のバイト先で、同年代の同僚から気になる誘いが舞い込んできたのは、そんなある日のことだ。

「竹永くん、治験に興味ない？」

治験とはたしか、新薬の臨床試験に被験者として参加するボランティアのことだ。結構な報酬がもらえると聞いたことがある。

「治験のことは何となく知ってるけど、それがどうしたの？」

「俺の高校時代の先輩が医学部の学生やってて、いま、そこで行う治験の協力者を探してるんだって。やってみれば？」

「自分がやればいいじゃん」

「いや、俺はいいよ。なんか怖いじゃん」

こっちだってそうだ。得体の知れない薬の実験台に使われるなんて冗談じゃない。

「竹永くんなら興味持つと思ったんだけどな。10日間の入院で20万円もらえるって話だしさ」

「え、20万も!? たった10日の入院で?」

それだけのカネがあればバンコクでしばらく豪遊できるじゃん!

「ごめん、やっぱやりたいかも。てか、やるやる、やらせて」

むろん不安がゼロになったわけじゃない。どころか現時点では1ミリも減ってない状態だが、日給7500円のしがないバイトには、それほどまでに魅力的だったのだ。10日で20万!

翌日、さっそく同僚の先輩から電話があった。一度、某大学病院まで来て、事前検診を受けてほしいという。治験を受けるには健康体であることが絶対条件、検査の結果次第では失格になることもあり得るのだとか。

もちろん承諾したうえで、気になっていたことを尋ねてみる。

「ちなみにその治験って、どんな薬を飲むんですか?」

「花粉症の新薬だよ」

なあんだ、花粉症か。それなら大してビビることもないな。

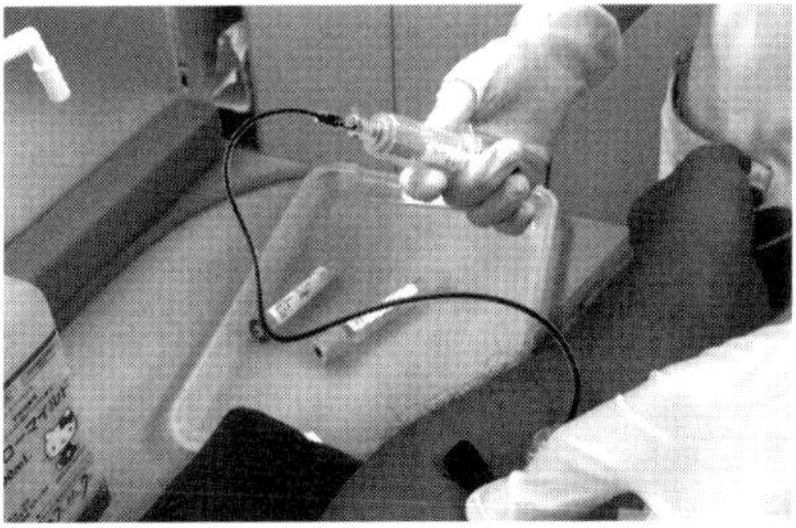

拍子抜けするほどラクチン

数日後、大学病院へ。案内された検査会場には、俺の他にも治験希望者らしき男たちが20人ほどおり、まもなく現れた担当者が説明を始めた。

いわく、治験というのは、何度も動物実験を繰り返し、その過程で安全性が確認された開発中の新薬を、はじめて人間に投与する段階のことを指すらしい。

したがって、そこで検証されるのは、その薬を人間に用いても安全かどうかの一点のみ。ちなみに薬の効果については、実際にターゲットとなる病気の患者を使って別途、試験を行うのだそうだ。

この後、治験の同意書にサインをして説明は終了。続いて身長体重や血圧の測定、採血や心電図など一般的な健康診断と変わらない検査が済むと、一律3000円の交通費をもらって解散となった。

病院から検査をパスしたと電話があったのは、3日後のことだ。日ごろ不摂生な生活を送っていただけに正直、安堵した。

迎えた入院当日、受付で案内された部屋に入ると、同じく検査に合格した被験者たちがイスに座っていた。今回の治験参加者は計11人。俺を含めた本メンバー8人が10泊し、残りの

3人はいわば補欠で、本メンバーが体調不良などで抜けたときのために、2泊だけ参加するらしい。

こうして始まった治験ライフは拍子抜けするほどラクチンなものだった。

もちろん、入院中には面倒なルールがたくさんある。大好きなタバコはNGだし、食べ物や飲み物を外から持ち込んでもダメ（すべて入院時に、厳重な荷物チェックを受ける）。やたらと規則正しい生活を強いられる毎日は、刑務所に入ってるような気分だ。

何より、連日、朝食の前に行われる採尿、体重測定、問診、血圧測定などの検診は面倒この上ない。しかも採血に至っては投薬の影響が最も出るからという理由で、日に10回も15回も行われるのだ。

しかし、言ってしまえばそれだけのコトに過ぎない。バイトに出勤してあくせく働くことを思えば、身体的にも精神的にもケタ違いにイージーだ。

事実、投薬や検診のとき以外は好きなだけ昼寝ができるし、娯楽室へ行けば、テレビゲームや大量のマンガや小説もある。加えて、3度の食事もめちゃくちゃウマいのだから、これで文句を言ったらバチが当たるというものだ。

そしてその思いは、退院後に受けた事後検査でさらに増大する。

医師から異状ナシのお墨付きをもらってから、ポンと支給された20枚の1万円札。世の中に、こんなオイシイ仕事があっていいものかと、感動を禁じ得ないのであった。

体重問題はウエイトベルトでクリア

寝ながらにして大金を得る。こんな体験をして価値観が変わらない方がおかしい。

以降、俺は治験にのめり込んでいく。ネットで調べたところ、治験を斡旋している業者の存在を知り、そこで募集されている治験に応募するようになったのだ。

狙うは入院期間15日前後の長期のみ。治験の世界では、入院1日に支払われる報酬は2万円以上が相場らしいので、15日なら最低30万の計算になる。せっかくバイトを休んで臨むのだから、カネは一度にガッポリ入った方が効率がいいのだ。

ちなみに治験を実施する製薬会社は、被験者に支払われるギャラを「負担軽減費」というややこしい名称で呼んでいる。報酬、ギャラといったことばは絶対に使わない。

治験はあくまでボランティア、金銭で被験者を釣るようなマネはしていませんよ、というスタンスなのだ。おそらく法律上の微妙な問題がそこにあるのだろう。

さて、治験の応募を精力的に開始した俺だが、当初の目論見とは裏腹の事態が待ち受けていた。最初にして最大の関門とでもいうべき事前検診、これが思ったよりもシビアで、不合格になることが3度に1度ほどあるのだ。

治験ではその都度、取り扱う薬の種類が違うため、事前検診でもどんな検査のどの数値を重要視するかが変わる。したがって、前回の治験に参加できたからといって、次もパスできる保証がないのだ。こちらにできることと言えば、なるべく健康的な生活を送り、検査数値が少しでも良くなるよう祈るしかない。

さらに俺の場合、別の問題もあった。もともと太りにくい体質のため、引っ越し屋や工事現場の仕事など、しんどいバイト

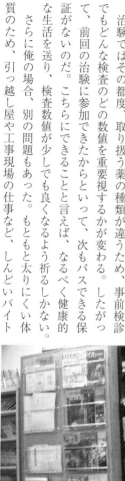

が連続すると体重がごっそり落ちてしまい、事前検診の場でＢＭＩ値（身長と体重の比率）が基準をハズレてしまうことがあるのだ。これでは当然、検査などパスできない。

しかし、この体重問題に限っては、のちにあっさり解決策を見つけた。体重計に乗る前に、下腹部にウエイトベルト（オモリ入りのベルト）を巻き、それをパンツで覆って隠すのだ。オリンピックやボクシングの試合ならともかく、治験の事前検診で不正に目を光らせてるスタッフなどいるわけがない。そもそもそんなことなど想定もしてないのだから、これくらいのことなら余裕でダマせるのだ。

「回数をこなしたいなら非加盟を受けりゃいいじゃん」

治験を始めてから4、5年も経つころには、年間で60万以上はコンスタントに稼げるようになっていた。多いときは90万に到達する年もあったので、小遣い稼ぎの額としては上出来と言えるレベルだろう。

ただ同時に、いつしかバイト生活をやめて、治験1本で食っていきたいと夢想するようになっていた俺には物足りない額でもあった。1カ月の家賃を含めた支出が15万だとしても、年間180万のカネが必要になる。それを考えればお話にもならない。

治験でジャンジャン稼げない原因はハッキリしていた。

実はこの業界、治験を受けた人間の健康面を配慮する観点から、4カ月のブランクを空けないと次を受けられないというルールを設けている。つまり、治験を受けられるのはマックスで年3回までと決まっているのだ。

しかも、治験を行っている医療施設は、臨床協会という組織に加わっており、治験参加者の情報を共有している。ために、十分なブランクを空けずに新しく応募したところで、審査からハジかれてしまうのだ。これではどうすることもできない。

潮目が変わったのは、とある治験に参加したときのことだ。

参加者の中に、見慣れた人物を発見した。金のネックレスに色付きメガネをかけた中年男。あちこちの治験を受けに行くようになると、行く先々で「あ、こいつ、前も一緒だったな」というヤツがちょこちょこ現れてくる。俺と同じく、治験に群がるハイエナのような連中だ。

そのネックレス野郎もそんな中のひとりなのだが、それまで俺は、治験の現場で居合わせ

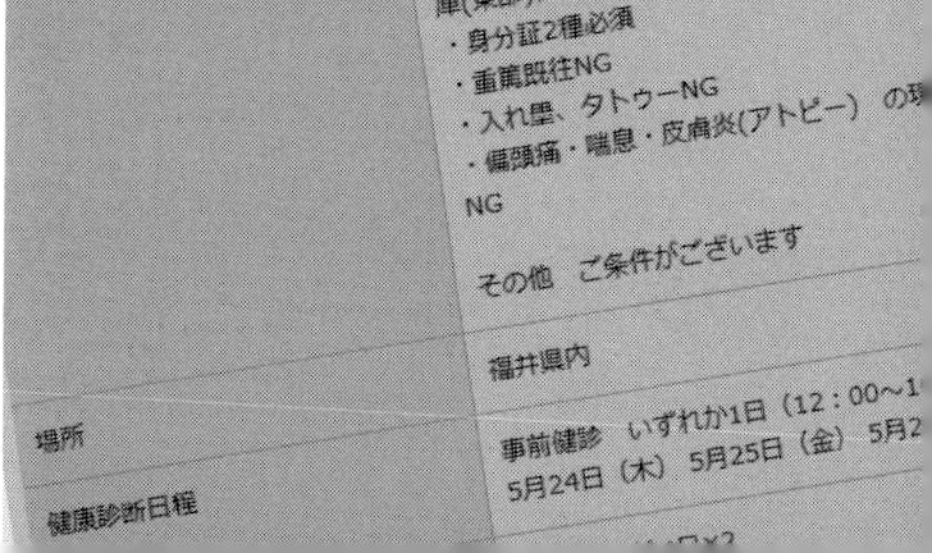

た連中と会話らしい会話をしたことがなかった。見るからに底辺臭を漂わせているダメ人間ばかりで（人のことは言えないが）、交流を深める気になれず、あえて1人で行動する道を選んでいたのだ。

が、なぜかこのときは、向こうから声をかけてきたネックレス野郎と話し込んでしまい、その中で重要な情報をキャッチした。

ネックレス野郎が言う。

「治験の回数をこなしたいなら非加盟を受けりゃいいじゃん。え、もしかして知らないの？」

まったく知らなかった。治験を実施する医療施設のなかに、臨床協会に加盟していないところがあっただなんて。

彼によると、非加盟の施設は数こそ多くはないものの、関東地方にいくつか点在しており、それぞれ月に3、4回程度、治験を行っているらしい。非加盟の施設を2、3カ所ほど知っていれば、加盟と合わせて年間10回程度、治験を受けることが物理的に可能だという（同じ施設で4カ月のブランクを空けず、連続で治験を

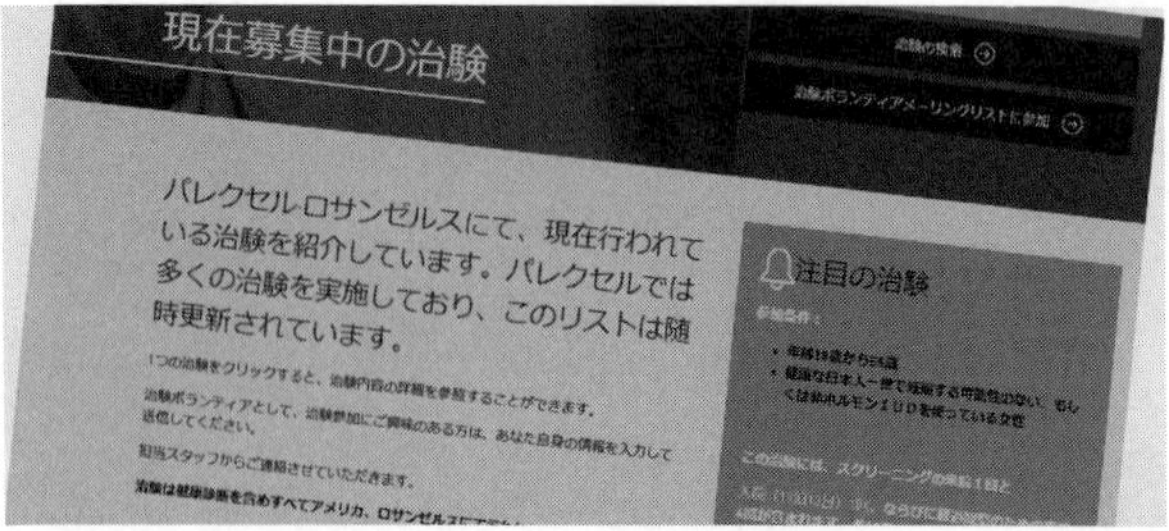

受けることは非加盟でも不可)。

そんなわけでネックレス野郎から、非加盟の病院をいくつか教えてもらった。同業者との情報交換は重要。その事実をまざまざと実感した次第だ。

海外の治験なら1泊3万円

4カ月リミットの壁を突き破ったことで、収入は劇的に増加した。

加盟、非加盟、非加盟、加盟、非加盟と、長期入院のみで年間5治験まで受けられるようになり、ついに年収150万の大台に乗ったのだ。

ただ反面、ここらが限界かなと考える自分もいた。理由は明白だ。

加盟、非加盟合わせて、入院期間15日以上の治験、すなわちガッツリ稼げる案件の数がそもそもさほど多くないのだ。そこに来て、事前検診で落ちる可能性も常に付きまとっているわけだから、どうしても150万のラインから飛躍できない。非加盟の短期治験の数を増やすことも検討したが、いま以上の頻度で回数をこなすには持っている手駒(非加盟の医療施設)の数が少なすぎる。

しかし、ここでも助けになったのは、偶然に知り合った同業者からのアドバイスだった。

海外の治験に手を出せという。

製薬大国であるアメリカやイギリス、ドイツなどでは、治験が頻繁に行われており、しかも、日本と比べて長期のものが多いのだそうな。おまけに入院1泊あたりの報酬も3万が相場とかなり高い。

もっとも不安な面もある。そう、言葉の壁だ。

しかし、同業の彼が言うには、その辺は心配に及ばないらしい。

「日本の治験斡旋業者のなかには、海外を専門にやってるところもあるから、そのHPからなら日本語での応募がOKなのよ」

こういった背景には、西欧の製薬メーカーが日本市場に目を向けたという事情があるらしい。そうなると日本人で治験を行う必要性も出てくるため、現在、海外にある治験専門の医療施設には、日本人のスタッフが常駐しているんだそうな。

「だから、現地で入院しても、ずっと日本語で通せるってわけ」

65万円のためにイギリスくんだりまで

はじめて海外の治験を経験したのは2012年、冬のことだ。

同業者のアドバイスどおり、治験斡旋業者の募集一覧からロンドンで行われる案件を選び、はるばる渡英したのだ。

働きたくない一心で治験という道を選んだ男が、そのためにイギリスくんだりまでやって来る。我ながらバカげた話だが、何にせよ、躊躇せず海外の治験に飛び込めたのは、東南アジアで貧乏バックパーカーをやっていた経験のおかげだろう。

もちろんギャラの魅力にひかれたというのもある。

なんせ今回は20日間の入院で約65万も手にできるのだ。

ちなみに海外治験でも、交通費は支給される。金額はケースバイケースだが、今回、俺に支払われたのは6万円で、チケット購入時に数千円ほど足が出てしまった。ま、それくらいは許容範囲だろう。

入院先はロンドン郊外にある医療施設で、そこへは電車とバスを乗り継ぎ、あとは地図を見ながら徒歩で向かった。

海外とはいえ、治験の流れは日本国内とだいたい同じだ。まずは事前検診を受け、合格すればめでたく入

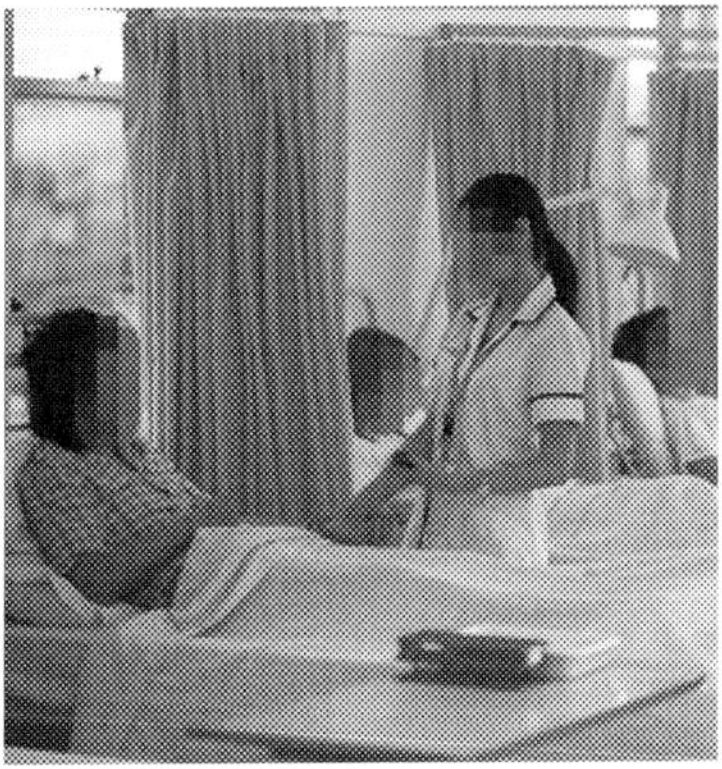

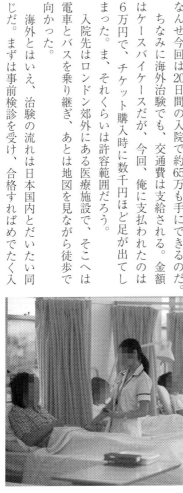

院。ダメならすごすご日本へ帰るまでだ。

幸い、事前検診をパスし（結果が出るまでは施設が用意した安宿に宿泊）、ロンドンでの入院生活がスタートしたのだが、ここから先は日本国内の入院環境とあまり変わり映えしないので割愛する。

なんせ院内では日本語が通じるばかりか、集められた他の被験者もみんな日本人なのだ。もっとも、その多くはイギリスに留学中の大学生や長期ヨーロッパ旅行者、現地日系企業のサラリーマンなどで、日本の治験参加者に見受けられるような、あの独特の底辺どんより感は微塵もなかったが。

唯一、日本と違う点を挙げるとするならレクリエーション面だろうか。日本と同じくロンドンの医療施設にも娯楽室があり、マンガや小説（もちろん日本語）、テレビゲームが用意されているのだが、それとは別に英会話の無料レッスンが受講できるのだ。

日本の治験も至れり尽くせりだが、イギリスはさらにその上を行っている感がある。

体の不調を経験したことはただの一度もない

初のイギリス治験を経験してから現在に至るまでの約5年間、俺の年収は平均200万をキープし続けている。日本国内で5回、海外で2回、年間で計7回の治験をこなしているおかげだ。

あくまで平均200万だから、もちろん時には運悪く、事前検診に落ちまくって青ざめることもある。が、逆にたった4週間の入院で100万の大金をゲットすることもあるわけで（カリフォルニアで受けた治験）、トータルで見れば収支は余裕でプラスなのだ。

さらに今は、先々の不安に備えようと、年に20日ほど日雇いバイトをやっていることもあり、貯金は300万に到達した。

で、現在の俺の暮らしぶりだが、ハッキリ言ってもう、毎日が楽しくて仕方がない。

住まいは八王子にある家賃4万の風呂つきアパート。治験がない時期はこの快適な我が家で昼ごろに起床し、ぼんやりテレビを眺めるか、プレステ4をやり込む。

腹が減れば近所の定食屋に出かけて、その帰り道には公園のベンチに寝そべって読書をする。あるいは最近ハマっているサックス（友人からもらった）の練習のため、カラオケに行くのもアリだ。

周囲には「そんな生活を続けてもバカになるだけだし、飽きるだろう」と言ってくるヤツもいるが、とんでもない。俺にとっては、誰にも指図されず、自分の思うままに日々を過ごすこと以上に大切なものはないのだから。

ただ、治験は40歳を過ぎると、途端に参加できるものが少なくなる。この安穏な生活も後4年ほどで終わるかもしれない。

最後に、みなさんがもっとも気になっているであろう事柄にも触れておこう。そう、副作用についてだ。

糖尿病、アルツハイマー、心筋梗塞といった重病向けの新薬から、カゼ薬や目薬、果ては湿布といった軽いものまで、これまでありとあらゆる薬を投与されてきたが、こうして今リポートを書いてることからも察しがつくとおり、投薬による体の不調を経験したことはただの1度もない。

ただし、他の被験者がひどい副作用に襲われている現場を見たことはある。C型肝炎の治療薬の治験で一緒だった男が、薬の服用後からしばらくして、激しい頭痛を訴えたのだ。

ちなみにこの男もまた治験のギャラに頼って生活している同類だ。彼は、見かねてナースを呼びに行こうとした俺に、こんなセリフを言い放った。

「いいよいいよ。呼びに行かなくて。帰宅しろって言われたらカネがもらえなくなるじゃん」

結局、2時間ほど安静にしているうちに、痛みは自然と消えたようだが、もし俺が彼の立場だったとしても同じことを言っていただろう。この生き方を選んだ者にしかわからない感覚かもしれないが。

鉄人文庫

実録
ブラック仕事体験記

2018年9月21日　第1刷発行
2024年3月15日　第2刷発行

著者　「裏モノJAPAN」編集部
発行人　尾形誠規
編集人　平林和史
デザイン　+iNNOVAT!ON
発行所　株式会社　鉄人社
〒162-0801
東京都新宿区山吹町332オフィス87ビル3階
TEL 03-3528-9801　FAX 03-3528-9802
http://tetsujinsya.co.jp/
印刷・製本　株式会社シナノ

ISBN978-4-86537-140-6　C0176　